Mikrovalovka 2023

Okusne jedi iz mikrovalovne pečice

Ana Novak

Kazalo

Sirov fondue *16*

Fondue z jabolčnikom *17*

Fondue z jabolčnim sokom *17*

Rožnati fondue *17*

Dimljeni fondi *18*

Nemški fondi za pivo *18*

Fondu z ognjem *18*

Fondi s karijem *18*

Fonduta *19*

Lažni fondi s sirom in paradižnikom *19*

Lažni fondi iz sira in zelene *20*

Italijanski fondue iz sira, smetane in jajc *21*

Fondu na nizozemski kmetiji *22*

Kmečki fondu z udarcem *23*

Pečeno jajce v stilu flamenka *24*

Puding s kruhom in maslom, sirom in peteršiljem *25*

Puding s kruhom in maslom, sirom in peteršiljem z indijskimi oreščki 26

Puding s kruhom in maslom s štirimi siri 26

Sirne in jajčne palačinke 27

Na glavo obrnjen puding s sirom in paradižnikom 28

Pizza Crumpets 29

Ingviriran brancin s čebulo 30

Paketi postrvi 31

Svetleča morska spaka z vitkim fižolom 32

Svetleče kozice z mangetoutom 33

Normandijska polenovka z jabolčnikom in kalvadosom 34

Ribja paella 36

Dušeni slaniki 38

Moules Marinières 39

Skuša z omako iz rabarbare in rozin 41

Sled z jabolčno omako 42

Krap v želejni omaki 42

Rollmops z marelicami 43

Poširan Kipper 44

Kozice Madras 45

Martini zvitki morske plošče z omako 47

Ragu školjke z orehi *49*

Trska Hot-pot *51*

Dimljena polenovka Hot-pot *52*

Morska spaka v smetanovi omaki iz zlate limone *52*

Podplat v kremni omaki zlate limone *54*

Holandski losos *54*

Holandski losos s koriandrom *55*

Majonezni kosmiči lososa *56*

Pečen losos na mediteranski način *57*

Kedgeree s Curryjem *58*

Kedgeree z dimljenim lososom *59*

Prekajeni ribji quiche *60*

Luizijanska kozica Gumbo *61*

Morska spaka Gumbo *62*

Mešani ribji gumbo *62*

Postrv z mandlji *63*

Provansalske kozice *64*

Morska plošča v omaki iz zelene s praženimi mandlji *65*

Fileji v paradižnikovi omaki z majaronom *66*

Fileji v gobovi omaki z vodno krešo *66*

Sesekljana trska s poširanimi jajci *67*

Vahnja in zelenjava v omaki iz jabolčnika 69

Obmorska pita 70

Smoky Fish Toppers 72

Coley fileji z marmelado iz pora in limone 73

Morska riba v jakni 74

Švedska polenovka s stopljenim maslom in jajcem 75

Morski sadeži Stroganoff 76

Sveža tuna Stroganoff 77

Ragout iz bele ribe Vrhunski 77

Lososova pena 79

Lososova pena za diete 81

Rakovica Mornay 81

Tuna Mornay 82

Rdeči losos Mornay 82

Kombinacija morskih sadežev in orehov 83

Lososov obroč s koprom 85

Mešani ribji obroč s peteršiljem 86

Polenovka s slanino in paradižnikom 87

Ribji lonec Slimmers 88

Pečen piščanec 90

Glaziran pečen piščanec 91

Tex-Mex piščanec 92

Piščanec za kronanje 93

Piščanec Veronique 94

Piščanec v kisovi omaki s pehtranom 95

Pečen piščanec po dansko s peteršiljevim nadevom 95

Piščanec Simla 96

Začinjen piščanec s kokosom in koriandrom 96

Začinjen zajec 98

Začinjen puran 98

Piščančji Bredie s paradižniki 98

Kitajski rdeči kuhan piščanec 99

Aristokratska piščančja krila 100

Chicken Chow Mein 102

Piščančji kotlet Suey 102

Express mariniran kitajski piščanec 103

Hongkonški piščanec z mešano zelenjavo in fižolovimi kalčki 104

Piščanec z omako Golden Dragon 105

Ingverjeva piščančja krila s solato 106

Bangkok kokosov piščanec 107

Piščanec Satay 108

Piščanec z arašidi 109

Indijski piščanec z jogurtom *110*

Japonski piščanec z jajci *111*

Portugalska piščančja enolončnica *112*

Pikantna enolončnica s piščancem v angleškem slogu *113*

Kompromis Tandoori piščanec *113*

Brokoli s sirom Supreme *115*

Guvetch *116*

Sir iz zelene s slanino *117*

Artičok sir s slanino *118*

Karelijski krompir *119*

Nizozemska enolončnica iz krompirja in gavde s paradižniki *120*

Na maslu namazan in napihnjen sladki krompir s smetano *120*

Maître d'Hôtel Sladki krompir *121*

Kremni krompir *122*

Kremni krompir s peteršiljem *123*

Kremni krompir s sirom *123*

Madžarski krompir s papriko *124*

Krompir Dauphine *125*

Savojski krompir *126*

Château krompir *126*

Krompir z omako iz mandljevega masla *127*

Gorčica in limetin paradižnik *128*

Dušena kumara *129*

Dušena kumara s pernodom *129*

Marrow Espagnole *130*

Gratin iz bučk in paradižnika *131*

Bučke z brinovimi jagodami *132*

Kitajski listi na maslu s Pernodom *133*

Fižolovi kalčki na kitajski način *134*

Korenje s pomarančo *135*

Dušena cikorija *136*

Dušeno korenje z limeto *137*

Koromač v šeriju *138*

V vinu dušen por s šunko *139*

Pečen por *140*

Solirana zelena *140*

Paprike polnjene z mesom *141*

Mesno polnjene paprike s paradižnikom *142*

Puranje polnjene paprike z limono in timijanom *142*

Kremne gobe na poljski način *143*

Paprika gobe *144*

Gobe s karijem *144*

Lentil Dhal 145

Dhal s čebulo in paradižniki 147

Zelenjavni Madras 149

Mešani zelenjavni curry 151

Želeirana sredozemska solata 153

Grška solata v želeju 154

Ruska solata v želeju 154

Kolerabina solata z gorčično majonezo 155

Skodelice rdeče pese, zelene in jabolk 156

Mock Waldorf Cups 157

Solata iz zelene s česnom, majonezo in pistacijami 157

Kontinentalna solata iz zelene 158

Solata iz zelene s slanino 159

Artičokina solata s papriko in jajci v toplem prelivu 160

Nadev iz žajblja in čebule 161

Nadev iz zelene in pesta 162

Nadev iz pora in paradižnika 162

Nadev iz slanine 163

Slanina in marelični nadev 164

Nadev iz gob, limone in timijana 164

Nadev iz gob in pora 165

Nadev iz šunke in ananasa 166

Azijski nadev iz gob in indijskih oreščkov 167

Nadev iz šunke in korenja 168

Nadev iz šunke, banan in sladke koruze 168

Italijanski nadev 169

Španski nadev 170

Pomarančni in koriandrov nadev 170

Nadev iz limete in koriandra 171

Pomarančni in marelični nadev 172

Nadev iz jabolk, rozin in orehov 173

Nadev iz jabolk, suhih sliv in brazilskih oreščkov 174

Nadev iz jabolk, datljev in lešnikov 174

Nadev iz česna, rožmarina in limone 175

Nadev iz česna, rožmarina in limone s parmezanom 176

Nadev iz morskih sadežev 176

Nadev iz parmske šunke 177

Nadev iz klobas 177

Nadev iz klobas in jeter 178

Nadev iz klobas in sladke koruze 178

Nadev iz klobas in pomaranč 178

Kostanjev nadev z jajcem 179

Kostanjev in brusnični nadev 180

Kremni kostanjev nadev 180

Kremni nadev iz kostanja in klobas 181

Kremni kostanjev nadev s celimi kostanji 181

Kostanjev nadev s peteršiljem in timijanom 182

Kostanjev nadev z gamonom 183

Nadev iz piščančjih jeter 184

Nadev iz piščančjih jeter z orehi orehi in pomarančo 185

Nadev s trojnimi orehi 185

Nadev iz krompirja in puranjih jeter 186

Rižev nadev z zelišči 187

Španski rižev nadev s paradižnikom 188

Nadev iz sadnega riža 189

Daljni vzhodni rižev nadev 190

Slani rižev nadev z orehi 190

Čokoladni hrustljavi kolački 191

Torta s hudičevo hrano 192

Mocha torta 193

Večplastna torta 194

Črna gozdna češnjeva torta 194

Čokoladno pomarančni gateau 195

Torta s čokoladno masleno kremo 196

Čokoladna Mocha torta 197

Pomarančno-čokoladna plast torta 197

Dvojna čokoladna torta 197

Torta s stepeno smetano in orehi 198

Božični Gâteau 199

Ameriški rjavčki 200

Čokoladni piškoti z orehi 201

Oaten Toffee Trikotniki 201

Muesli trikotniki 202

Čokoladne kraljice 202

Flaky Chocolate Queenies 203

Zajtrk z otrobi in ananasovo torto 204

Hrustljava torta s sadnim čokoladnim biskvitom 205

Hrustljava torta s sadjem Mocha Biscuit 206

Hrustljava torta s sadnim rumom in rozinami 207

Hrustljava torta s sadnim viskijem in pomarančnim biskvitom 207

Crunch torta s sadjem iz bele čokolade 208

Dvoslojni marelično-malinov Cheesecake 209

Cheesecake iz arašidovega masla 211

Lemon Curd Cheesecake 213

Čokoladni Cheesecake 214

Sharon sadna torta s sirom 215

Borovničev Cheesecake 216

Pečen limonin kolač s sirom 217

Cheesecake iz pečene limete 219

Pečen Cheesecake iz črnega ribeza 220

Pečen malinov Cheesecake 221

Sirov fondue

Služi 6

Cheese Fondue, rojen v Švici, je ljubljenec après-ski alpskih letovišč ali kjer koli drugje z globokim snegom na visokih vrhovih. Pomakanje kruha v skupni lonec aromatičnega topljenega sira je eden najbolj družabnih, zabavnih in sproščujočih načinov uživanja v obroku s prijatelji in za to ni boljšega kuhinjskega pomočnika kot je mikrovalovna pečica. Za pristno vzdušje postrezite z majhnimi kolački Kirsch in skodelicami vročega limoninega čaja.

1–2 stroka česna, olupljena in razpolovljena
175 g/6 oz/1½ skodelice sira ementalec, nariban
450 g/1 lb/4 skodelice sira Gruyère (švicarski), nariban
15 ml/1 žlica koruzne moke (koruznega škroba)
300 ml/½ pt/1¼ skodelice vina Mosel
5 ml/1 žlička limoninega soka
30 ml/2 žlici Kirsch
Sol in sveže mlet črni poper
Francoski kruh, narezan na kocke, za namakanje

Odrezane strani polovic česna pritisnite ob stene globoke 2,5 l/4½ pt/11 skodelice ali lončene posode. Za močnejši okus pa česen strt neposredno v jed. Dodamo oba sira, koruzno moko, vino in limonin sok. Kuhajte brez pokrova na polni moči 7–9 minut in štirikrat premešajte, dokler fondi ne začne nežno brbotati. Odstranite iz mikrovalovne pečice in vmešajte Kirsch. Po okusu dobro začinimo. Prinesite jed na mizo in jejte tako, da nabodite kocko kruha na dolge vilice za fondi, jo zavrtite v sirni mešanici in jo nato dvignite ven.

Fondue z jabolčnikom

Služi 6

Pripravite kot za sirni fondi, vendar zamenjajte suho jabolčno vino za vino in kalvados za Kirsch in postrezite kocke jabolka z rdečo lupino ter kruhove kocke za namakanje.

Fondue z jabolčnim sokom

Služi 6

Brezalkoholni fondue mehkega okusa, primeren za vse starosti.

Pripravite kot za sirni fondue, vendar nadomestite vino z jabolčnim sokom in izpustite Kirsch. Po potrebi razredčimo z malo vroče vode.

Rožnati fondue

Služi 6

Pripravite kot za sirni fondue, vendar zamenjajte po 200 g/7 oz/1¾ skodelice belega sira Cheshire, sira Lancashire in sira Caerphilly za sire Emmental in Gruyère (švicarski), belo vino pa z vinom rosé.

Dimljeni fondi

Služi 6

Pripravite kot za sirni fondi, vendar polovico sira Gruyère (švicarskega) nadomestite z 200 g/7 oz/1¾ skodelice dimljenega sira. Količina ementalca je nespremenjena.

Nemški fondi za pivo

Služi 6

Pripravite kot za sirni fondi, vendar zamenjajte vino s pivom in žganje za Kirsch.

Fondu z ognjem

Služi 6

Pripravite kot za sirni fondi, vendar dodajte 2-3 rdeče čilije, brez semen in zelo drobno narezane, takoj za koruzno moko (koruzni škrob).

Fondi s karijem

Služi 6

Pripravite kot za sirni fondi, vendar sirom dodajte 10–15 ml/2–3 žličke blage curry paste in zamenjajte Kirsch z vodko. Za namakanje uporabite koščke segretega indijskega kruha.

Fonduta

Služi za 4–6

Italijanska različica sirovega fondueja, izjemno slastna.

Pripravite kot za sirni fondi, vendar nadomestite italijanski sir Fontina za sir Gruyère (švicarski) in ementalec, suho belo italijansko vino za Mosel in marsalo za Kirsch.

Lažni fondi s sirom in paradižnikom

Služi za 4–6

225 g/8 oz/2 skodelici zrelega sira čedar, nariban
125 g/4 oz/1 skodelica sira Lancashire ali Wensleydale, zdrobljenega
300 ml/10 fl oz/1 pločevinka kondenzirane paradižnikove juhe
10 ml/2 žlički Worcestershire omake
Kanček omake s feferoni
45 ml/3 žlice suhega šerija
Ogret ciabatta kruh, za serviranje

Vse sestavine razen sherryja dajte v 1,25 l/2¼ pt/5½ kozarca ali lončeno posodo. Kuhajte brez pokrova na odmrzovanju 7–9 minut in trikrat ali štirikrat premešajte, dokler se fondi gladko ne zgosti. Odstranite iz mikrovalovne pečice in vmešajte šeri. Jejte s koščki toplega kruha ciabatta.

Lažni fondi iz sira in zelene

Služi za 4–6

Pripravite kot za lažni sir in paradižnikov fondi, vendar paradižnikovo juho nadomestite s kondenzirano juho zelene in namesto s šerijem začinite z ginom.

Italijanski fondue iz sira, smetane in jajc

Služi za 4–6

1 strok česna, zdrobljen

50 g/2 oz/¼ skodelice nesoljenega (sladkega) masla, na kuhinjski temperaturi

450 g/1 lb/4 skodelice sira Fontina, naribanega

60 ml/4 žlice koruzne moke (koruznega škroba)

300 ml/½ pt/1¼ skodelice mleka

2,5 ml/½ žličke naribanega muškatnega oreščka

Sol in sveže mlet črni poper

150 ml/¼ pt/2/3 skodelice smetane za stepanje

2 jajci, pretepeni

Italijanski kruh, narezan na kocke, za serviranje

Česen, maslo, sir, koruzno moko, mleko in muškatni orešček dajte v globoko 2,5 l/4½ pt/11 kozarcev ali lončeno posodo. Začinimo po okusu. Kuhajte brez pokrova na polni moči 7–9 minut in štirikrat premešajte, dokler fondi ne začne nežno brbotati. Odstranite iz mikrovalovne pečice in vmešajte smetano. Kuhajte brez pokrova na polni moči 1 minuto. Odstranite iz mikrovalovne pečice in postopoma stepite jajca. Postrezite z italijanskim kruhom za namakanje.

Fondu na nizozemski kmetiji

Služi za 4–6

Mehak in nežen fondi, dovolj blag za otroke.

1 strok česna, zdrobljen
15 ml/1 žlica masla
450 g/1 lb/4 skodelice sira gauda, nariban
15 ml/1 žlica koruzne moke (koruznega škroba)
20 ml/4 žličke gorčice v prahu
Ščepec naribanega muškatnega oreščka
300 ml/½ pt/1¼ skodelice polnomastnega mleka
Sol in sveže mlet črni poper
Narezan kruh, za serviranje

Vse sestavine dajte v globoko 2,5-litrsko stekleno ali lončeno posodo s prostornino 4½ pt/11 skodelic in dobro začinite po okusu. Kuhajte brez pokrova na polni moči 7–9 minut in štirikrat premešajte, dokler fondi ne začne nežno brbotati. Prinesite jed na mizo in jejte tako, da nabodite kocko kruha na dolge vilice za fondi, jo zavrtite v sirni mešanici in jo nato dvignite ven.

Kmečki fondu z udarcem

Služi za 4–6

Pripravite kot Dutch Farmhouse Fondue, vendar po kuhanju vmešajte 30–45 ml/2–3 žlice Geneverja (nizozemski gin).

Pečeno jajce v stilu flamenka

Služi 1

Stopljeno maslo ali margarina
1 majhen paradižnik, blanširan, olupljen in narezan
2 mladi čebuli (glava čebula), sesekljani
1–2 polnjeni olivi, narezani na rezine
5 ml/1 žlička olja
15 ml/1 žlica kuhane šunke, drobno sesekljane
1 jajce
Sol in sveže mlet črni poper
15 ml/1 žlica dvojne (težke) smetane ali crème fraîche
5 ml/1 čajna žlička zelo drobno sesekljanega peteršilja, drobnjaka ali koriandra (cilantra)

Manjšo posodo za ramekin (skodelica za kremo) ali posamezno posodo za sufle namažite s stopljenim maslom ali margarino. Dodamo paradižnik, mlado čebulo, olive, olje in šunko. Pokrijte s krožnikom in segrevajte pri polni moči 1 minuto. Jajce nežno vlomite in rumenjaka dvakrat preluknjajte z nabodalom ali noževo konico. Po okusu dobro začinimo. Premažemo s smetano in potresemo z zelišči. Pokrijte kot prej in kuhajte na odmrzovanju 3 minute. Pustite stati 1 minuto pred jedjo.

Puding s kruhom in maslom, sirom in peteršiljem

Služi za 4–6

4 velike rezine belega kruha
50 g/2 oz/¼ skodelice masla, na kuhinjski temperaturi
175 g/6 oz/1½ skodelice oranžnega sira Cheddar
45 ml/3 žlice sesekljanega peteršilja
600 ml/1 pt/2½ skodelice hladnega mleka
3 jajca
5 ml/1 žlička soli
paprika

Kruh namažite z maslom in vsako rezino narežite na štiri kvadratke. Posodo s prostornino 1,75 l/3 pt/7½ skodelice temeljito namažite z maslom. Polovico kruhovih kvadratov z masleno stranjo navzgor razporedite po dnu pekača. Potresemo z dvema tretjinama sira in ves peteršilj. Preostali kruh razporedite po vrhu z masleno stranjo navzgor. Mleko nalijte v vrč in ga 3 minute segrevajte brez pokrova na polni temperaturi. Jajca penasto stepemo, nato pa jim postopoma vmešamo mleko. Vmešajte sol. Nežno prelijemo po kruhu in maslu. Po vrhu potresemo preostali sir in potresemo s papriko. Pokrijte s kuhinjskim papirjem in kuhajte na odmrzovanju 30 minut. Pustite stati 5 minut, nato pa pred serviranjem porjavite pod vročim žarom (brojlerjem), če želite.

Puding s kruhom in maslom, sirom in peteršiljem z indijskimi oreščki

Služi za 4–6

Pripravite kot puding iz kruha in masla, sira in peteršilja, vendar dodajte 45 ml/3 žlice indijskih oreščkov, opečenih in grobo sesekljanih, s sirom in peteršiljem.

Puding s kruhom in maslom s štirimi siri

Služi za 4–6

Pripravite ga kot puding s kruhom in maslom, sirom in peteršiljem, vendar uporabite mešanico naribanega čedarja, edamca, rdečega leicesterja in zdrobljenega sira Stilton. Peteršilj nadomestite s štirimi sesekljanimi vloženimi čebulicami.

Sirne in jajčne palačinke

Služi 4

300 ml/10 fl oz/1 pločevinka kondenzirane gobove juhe
45 ml/3 žlice enojne (lahke) smetane
125 g/4 oz/1 skodelica sira Red Leicester, nariban
4 vroče popečene palačinke
4 sveže poširana jajca

Juho, smetano in polovico sira dajte v posodo s prostornino 900 ml/1½ pt/3¾ skodelice. Odkrito segrevajte na polni moči 4–5 minut, dokler ni vroča in gladka, in stepajte vsako minuto. Vsako torto položimo na segret krožnik in prelijemo z jajcem. Premažemo z mešanico gob, potresemo s preostalim sirom in enega za drugim segrevamo na polni moči približno 1 minuto, dokler se sir ne stopi in začne brbotati. Jejte takoj.

Na glavo obrnjen puding s sirom in paradižnikom

Služi 4

225 g/8 oz/2 skodelici samovzhajajoče (samovzhajajoče) moke
5 ml/1 žlička gorčice v prahu
5 ml/1 žlička soli
125 g/4 oz/½ skodelice masla ali margarine
125 g/4 oz/1 skodelica sira Edam ali Cheddar, nariban
2 jajci, pretepeni
150 ml/¼ pt/2/3 skodelice hladnega mleka
4 velike paradižnike, blanširane in olupljene ter narezane
15 ml/1 žlica sesekljanega peteršilja ali koriandra (cilantra)

Globok okrogel 1,75 l/3 pt/7½ skodelice za puding namastite z maslom. V skledo presejte moko, gorčico v prahu in 2,5 ml/½ žličke soli. Na drobno vtremo maslo ali margarino, nato stresemo sir. Mešajte do mehke konsistence z jajci in mlekom. Gladko razporedite v pripravljeno posodo. Kuhajte brez pokrova na polni moči 6 minut. Paradižnik zmešajte s preostalo soljo. Damo v plitvo skledo in pokrijemo s krožnikom. Puding vzamemo iz pečice in previdno zvrnemo v plitek krožnik. Pokrijte s kuhinjskim papirjem in kuhajte na Polni še 2 minuti. Odstranite iz pečice in pokrijte s kosom folije, da ohranite toploto. Paradižnik postavite v mikrovalovno pečico in segrevajte na polni moči 3 minute. Po žlicah prelijemo puding, potresemo z zelišči in postrežemo vroče.

Pizza Crumpets

Služi 4

45 ml/3 žlice paradižnikove mezge (pasta)
30 ml/2 žlici oljčnega olja
1 strok česna, zdrobljen
4 vroče popečene palačinke
2 paradižnika, narezana na tanke rezine
175 g/6 oz sira Mozzarella, narezanega
12 črnih oliv

Paradižnikovo mezgo, olivno olje in česen zmešamo in namažemo na kolačke. Po vrhu razporedite rezine paradižnika. Pokrijte s sirom in potresite z olivami. Enega za drugim segrevajte na polni moči približno 1–1½ minute, dokler se sir ne začne topiti. Jejte takoj.

Ingviriran brancin s čebulo

Služi 8

Kantonska specialiteta in tipična kitajska samopostrežna jed.

2 brancina, po 450 g/1 lb, očiščena, vendar z glavami
8 mladih čebul (glava čebula)
5 ml/1 žlička soli
2,5 ml/½ žličke sladkorja
2,5 cm/1 kos sveže korenine ingverja, olupljene in drobno narezane
45 ml/3 žlice sojine omake

Ribe operemo znotraj in zunaj. Posušite s kuhinjskim papirjem. Na obeh straneh vsake ribe naredite tri diagonalne zareze z ostrim nožem, približno 2,5 cm/1 narazen. Od glave do repa položite v posodo velikosti 30 3 20 cm/12 3 8. Čebulo na vrh in rep, vsako narežite na niti po dolžini in potresite po ribah. Preostale sestavine temeljito premešamo in z njimi premažemo ribe. Posodo pokrijemo s filmom za živila (plastično folijo) in jo dvakrat zarežemo, da lahko para uhaja. Kuhajte na polni moči 12 minut, posodo enkrat obrnite. Ribo prestavimo na servirni krožnik in jo premažemo s čebulo in sokom iz jedi.

Paketi postrvi

Služi 2

Profesionalni kuharji temu pravijo truites en papillote. Paketi preprosto pripravljene nežne postrvi so odlična ribja jed.

2 veliki očiščeni postrvi, vsaka po 450 g/1 lb, oprani, vendar z glavami
1 čebula, narezana na debelo
1 manjša limona ali limeta, narezana na debelo
2 velika posušena lovorova lista, grobo zdrobljena
2,5 ml/½ čajne žličke provansalskih zelišč
5 ml/1 žlička soli

Pripravite dva pravokotnika peki papirja, vsak 40 3 35 cm/16 3 14 cm. Čebulo in rezine limone ali limete položite v votline rib z lovorjevimi listi. Prenesite na pravokotnike pergamenta in potresite z zelišči in soljo. Vsako postrv posebej zavijte, nato pa oba kosa skupaj položite v plitko posodo. Kuhajte na polni moči 14 minut, posodo enkrat obrnite. Pustite stati 2 minuti. Vsakega preložimo na segret krožnik in zavitke odpremo pri mizi.

Svetleča morska spaka z vitkim fižolom

Služi 4

125 g/4 oz francoskega (zelenega) ali kenijskega fižola, z vrhom in z repom
150 ml/¼ pt/2/3 skodelice vrele vode
450 g/1 lb morske spake
15 ml/1 žlica koruzne moke (koruznega škroba)
1,5–2,5 ml/¼–½ čajne žličke kitajskih petih začimb v prahu
45 ml/3 žlice riževega vina ali srednje velikega šerija
5 ml/1 čajna žlička ustekleničene ostrigine omake
2,5 ml/½ žličke sezamovega olja
1 strok česna, zdrobljen
50 ml/2 fl oz/3½ žlice vroče vode
15 ml/1 žlica sojine omake
Jajčni rezanci, za serviranje

Fižol razpolovimo. Postavite v okroglo posodo s prostornino 1,25 l/2¼ pt/5½ skodelice. Dodajte vrelo vodo. Pokrijte s filmom za živila (plastično folijo) in ga dvakrat zarežite, da lahko para uhaja. Kuhajte na polni moči 4 minute. Odcedimo in odstavimo. Morsko spako operemo in narežemo na ozke trakove. Zmešajte koruzno moko in začimbe v prahu z riževim vinom ali šerijem, dokler ne postane gladka. Primešamo še preostale sestavine. Preložimo v posodo, v kateri smo kuhali fižol. Kuhajte brez pokrova na polni moči 1½ minute. Mešajte do gladkega, nato vmešajte fižol in morsko spako.

Pokrijte kot prej in kuhajte na polni moči 4 minute. Pustite stati 2 minuti, nato premešajte in postrezite.

Svetleče kozice z mangetoutom

Služi 4

Pripravite tako kot Shining Monkfish z vitkim fižolom, vendar fižol zamenjajte z mangetujem (snežni grah) in ga kuhajte le 2½–3 minute, saj mora ostati hrustljav. Morsko spako nadomestite z oluščenimi kozicami (škampi).

Normandijska polenovka z jabolčnikom in kalvadosom

Služi 4

50 g/2 oz/¼ skodelice masla ali margarine

1 čebula, zelo tanko narezana

3 zelo tanko narezana korenja

50 g/2 oz gob, obrezanih in na tanke rezine

4 veliki zrezki polenovke, približno 225 g/8 oz vsak

5 ml/1 žlička soli

150 ml/¼ pt/2/3 skodelice jabolčnika

15 ml/1 žlica koruzne moke (koruznega škroba)

25 ml/1½ žlice hladne vode

15 ml/1 žlica kalvadosa

Peteršilj, za okras

Polovico masla ali margarine damo v globoko posodo s premerom 20 cm/8. Talite, nepokrito, na polni moči 45–60 sekund. Zmešajte čebulo, korenje in gobe. Po vrhu razporedite ribe v eni plasti. Poprašite s soljo. Jabolčnik vlijemo v posodo in zrezke pokapamo s preostalim maslom ali margarino. Pokrijte s filmom za živila (plastično folijo) in ga dvakrat zarežite, da lahko para uhaja. Kuhajte na polni moči 8 minut in posodo štirikrat obrnite. Previdno odlijte tekočino od kuhanja in prihranite. Koruzno moko gladko zmešamo z vodo in kalvadosom. Dodajte ribji sok. Kuhajte brez pokrova na polni moči 2–2 minuti in pol, dokler se omaka ne zgosti, in mešajte vsakih 30 sekund. Ribe razporedite po segretem servirnem krožniku in jih potresite z zelenjavo. Premažemo z omako in okrasimo s peteršiljem.

Ribja paella

Služi za 6–8

Najboljša španska riževa jed, ki je po vsem svetu znana po mednarodnih potovanjih.

900 g/2 lb fileja lososa brez kože, narezanega na kocke
1 paket žafrana v prahu
60 ml/4 žlice vroče vode
30 ml/2 žlici oljčnega olja
2 čebuli, sesekljani
2 stroka česna, zdrobljena
1 zelena (bolgarska) paprika, brez semen in grobo narezana
225 g/8 oz/1 skodelica italijanskega ali španskega riža za rižoto
175 g/6 oz/1½ skodelice zamrznjenega ali svežega graha
600 ml/1 pt/2½ skodelice vrele vode
7,5 ml/1½ žličke soli
3 paradižnike, blanširane, olupljene in na četrtine narezane
75 g/3 oz/¾ skodelice kuhane šunke, narezane na kocke
125 g/4 oz/1 skodelica olupljenih kozic (škampov)
250 g/9 oz/1 velika pločevinka školjk v slanici
Rezine ali rezine limone za okras

Kocke lososa razporedite po robu pekača s premerom 25 cm/10 (nizozemska pečica), tako da v sredini pustite majhno vdolbino. Posodo pokrijemo s filmom za živila (plastično folijo) in jo dvakrat zarežemo, da lahko para uhaja. Kuhajte na odmrzovanju 10–11 minut, posodo dvakrat obrnite, dokler riba ni videti kosmičasta in pravkar pečena. Odcedite in prihranite tekočino ter odstavite lososa. Posodo operemo in osušimo. Žafran stresemo v manjšo skledo, dodamo vrelo vodo in pustimo namakati 10 minut. V očiščeno posodo vlijemo olje in dodamo čebulo, česen in zeleno papriko. Kuhajte brez pokrova na polni moči 4 minute. Dodajte riž, žafran in vodo za namakanje, grah, kocke lososa, rezervirano lososovo tekočino, vrelo vodo in sol. Temeljito, a nežno premešajte. Pokrijte kot prej in kuhajte pri polni moči 10 minut. Pustite stati v mikrovalovni pečici 10 minut. Kuhajte na polni moči še 5 minut. Odkrijte in previdno vmešajte paradižnik in šunko. Okrasite s kozicami, školjkami in limono ter postrezite.

Dušeni slaniki

Služi 4

4 slaniki, približno 450 g/1 lb vsak, fileti
2 velika lovorova lista, grobo zdrobljena
15 ml/1 žlica mešanice začimb za vlaganje
2 čebuli, narezani in ločeni na kolobarje
150 ml/¼ pt/2/3 skodelice vrele vode
20 ml/4 žličke granuliranega sladkorja
10 ml/2 žlički soli
90 ml/6 žlic sladnega kisa
Masleni kruh, za postrežbo

Vsak file sleda zvijte od glave do konca repa, s kožo na notranji strani. Razporedite po robu globoke posode s premerom 25 cm/10 cm. Potresemo z lovorjevimi listi in začimbami. Med slede razporedite čebulne obročke. Preostale sestavine temeljito premešamo in z žlico prelijemo ribe. Pokrijte s filmom za živila (plastično folijo) in ga dvakrat zarežite, da lahko para uhaja. Kuhajte na polni moči 18 minut. Pustite, da se ohladi, nato ohladite. Jejte hladno s kruhom in maslom.

Moules Marinières

Služi 4

Belgijska nacionalna jed, vedno postrežena s prilogo iz čipsa (pomfrija).

900 ml/2 kocki/5 skodelic svežih školjk

15 g/½ oz/1 žlice masla ali margarine

1 majhna čebula, sesekljana

1 strok česna, zdrobljen

150 ml/¼ pt/2/3 skodelice suhega belega vina

1 šopek garni vrečka

1 posušen lovorov list, zdrobljen

7,5 ml/1 ½ žličke soli

20 ml/4 žličke svežih belih drobtin

20 ml/4 žličke sesekljanega peteršilja

Školjke operemo pod hladno tekočo vodo. Postrgajte morebitne rane, nato odrežite brade. Zavrzite vse školjke z razpokanimi lupinami ali tiste, ki so odprte; lahko povzročijo zastrupitev s hrano. Ponovno operite. V globoko skledo damo maslo ali margarino. Talite, nepokrito, na polni moči približno 30 sekund. Zmešajte čebulo in česen. Pokrijte s krožnikom in kuhajte na polni moči 6 minut, dvakrat premešajte. Dodajte vino, šopek garni, lovorjev list, sol in školjke. Nežno premešajte, da se premeša. Pokrijte kot prej in kuhajte pri polni moči 5 minut. Z žlico z režami prenesite školjke v štiri globoke sklede ali jušne krožnike. V tekočino za kuhanje vmešamo drobtine in polovico peteršilja, nato pa po žlicah premešamo školjke. Potresemo s preostalim peteršiljem in takoj postrežemo.

Skuša z omako iz rabarbare in rozin

Služi 4

Lepo obarvana sladko-kisla omaka lepo uravnoteži bogato skušo.

350 g/12 oz mlade rabarbare, grobo sesekljane
60 ml/4 žlice vrele vode
30 ml/2 žlici rozin
30 ml/2 žlici granuliranega sladkorja
2,5 ml/½ žličke vaniljeve esence (izvleček)
Drobno naribana lupinica in sok ½ majhne limone
4 skuše, očiščene, izkoščene in glave zavržene
50 g/2 oz/¼ skodelice masla ali margarine
Sol in sveže mlet črni poper

Rabarbaro in vodo dajte v enolončnico (nizozemska pečica). Pokrijte s filmom za živila (plastično folijo) in ga dvakrat zarežite, da lahko para uhaja. Kuhajte na polni moči 6 minut, posodo trikrat obrnite. Rabarbaro odkrijemo in pretlačimo v kašo. Vmešajte rozine, sladkor, vanilijevo esenco in limonino lupinico, nato pa odstavite. S kožo obrnjene proti sebi vsako skušo prepognite na pol od glave do repa. Maslo ali margarino in limonin sok dajte v globoko posodo s premerom 20 cm/8. Talite pri polni moči 2 minuti. Dodamo ribe in zabelimo s stopljenimi sestavinami. Potresemo s soljo in poprom. Pokrijte s filmom za živila (plastično folijo) in ga dvakrat zarežite, da lahko para uhaja. Kuhajte na srednji temperaturi 14–16 minut, dokler riba ni videti kosmičasta. Pustite stati 2 minuti. Rabarbarino omako segrevajte na polni moči 1 minuto in postrezite s skušo.

Sled z jabolčno omako

Služi 4

Pripravite tako kot skušo z rabarbaro in omako iz rozin, vendar rabarbaro in vrelo jabolčnik namesto vode zamenjajte z olupljenimi jabolki za kuhanje (tart). Izpustite rozine.

Krap v želejni omaki

Služi 4

1 zelo svež krap, očiščen in narezan na 8 tankih rezin

30 ml/2 žlici sladnega kisa

3 korenčki, narezani na tanke rezine

3 čebule, narezane na tanke rezine

600 ml/1 pt/2½ skodelice vrele vode

10–15 ml/2–3 žličke soli

Krapa operemo, nato pa ga za 3 ure namočimo v toliko hladne vode, ki ji dodamo kis, da je riba prekrita. (To odstrani okus po blatu.) Korenje in čebulo položite v globoko posodo s premerom 23 cm/9 z vrelo vodo in soljo. Pokrijte s filmom za živila (plastično folijo) in ga dvakrat zarežite, da lahko para uhaja. Kuhajte na polni moči 20 minut in posodo štirikrat obrnite. Odcedite in prihranite tekočino. (Zelenjavo lahko uporabimo tudi drugje v ribji juhi ali pomfriju.) Tekočino zlijemo nazaj v posodo. Dodajte krapa v eni plasti. Pokrijte kot prej in kuhajte na polni moči 8 minut, posodo dvakrat obrnite. Pustite stati 3 minute. S pomočjo ribje rezine prestavite krapa v plitko posodo. Pokrijte in ohladite. Tekočino prenesite v vrč in ohladite, dokler ne postane žele. Žele prelijte po ribah in postrezite.

Rollmops z marelicami

Služi 4

75 g/3 oz suhih marelic
150 ml/¼ pt/2/3 skodelice hladne vode
3 kupljene rollmops z narezano čebulo
150 g/5 oz/2/3 skodelice crème fraîche
Mešani listi solate
Hrustljavi kruhki

Marelice operemo in narežemo na grižljaj velike koščke. Postavite v skledo s hladno vodo. Pokrijte z obrnjenim krožnikom in segrevajte pri polni moči 5 minut. Pustite stati 5 minut. Odtok. Rollmops narežemo na trakove. Dodamo k marelicam s čebulo in crème fraîche. Dobro premešaj. Pokrijte in pustite, da se marinira v hladilniku 4–5 ur. Postrezite na solatnih listih s hrustljavimi kruhki.

Poširan Kipper

Služi 1

Mikrovalovna pečica prepreči vonj po hiši, kiper pa ostane sočen in mehak.

1 velik nebarvan kiper, približno 450 g/1 lb
120 ml/4 fl oz/½ skodelice hladne vode
Maslo ali margarina

Obrežite repa in zavrzite rep. Namakajte 3–4 ure v večkratni menjavi hladne vode, da zmanjšate slanost, po želji nato odcedite. Postavite v veliko, plitvo posodo z vodo. Pokrijte s filmom za živila (plastično folijo) in ga dvakrat zarežite, da lahko para uhaja. Kuhajte na polni moči 4 minute. Postrežemo na ogretem krožniku s koščkom masla ali margarine.

Kozice Madras

Služi 4

*25 g/1 oz/2 žlici gheeja ali 15 ml/1 žlica arašidovega (arašidovega)
olja*

2 čebuli, sesekljani

2 stroka česna, zdrobljena

15 ml/1 žlica vročega karija

5 ml/1 žlička mlete kumine

5 ml/1 čajna žlička garam masale

Sok 1 majhne limete

150 ml/¼ pt/2/3 skodelice ribje ali zelenjavne osnove

30 ml/2 žlici paradižnikove mezge (pasta)

60 ml/4 žlice sultanij (zlate rozine)

*450 g/1 lb/4 skodelice olupljenih kozic (škampov), odmrznjenih, če so
zamrznjene*

175 g/6 oz/¾ skodelice dolgozrnatega riža, kuhanega

Popadomi

Ghee ali olje dajte v globoko posodo s premerom 20 cm/8. Segrevajte nepokrito na polni moči 1 minuto. Temeljito premešajte čebulo in česen. Kuhajte brez pokrova na polni moči 3 minute. Dodajte kari, kumino, garam masalo in limetin sok. Kuhajte brez pokrova na polni moči 3 minute in dvakrat premešajte. Dodamo osnovo, paradižnikovo mezgo in sultanke. Pokrijte z obrnjenim krožnikom in kuhajte na polni moči 5 minut. Kozice po potrebi odcedimo, nato dodamo v jed in premešamo, da se povežejo. Kuhajte brez pokrova na polni moči 1½ minute. Postrezite z rižem in popadomi.

Martini zvitki morske plošče z omako

Služi 4

8 filejev morske plošče, vsak po 175 g/6 oz, opranih in posušenih

Sol in sveže mlet črni poper

Sok 1 limone

2,5 ml/½ žličke Worcestershire omake

25 g/1 oz/2 žlici masla ali margarine

4 šalotke, olupljene in narezane

100 g/3½ oz/1 skodelica kuhane šunke, narezane na trakove

400 g gob, narezanih na tanke rezine

20 ml/4 žličke koruzne moke (koruznega škroba)

20 ml/4 žličke hladnega mleka

250 ml/8 fl oz/1 skodelica piščančje juhe

150 g/¼ pt/2/3 skodelice enojne (lahke) smetane

2,5 ml/½ žličke železnega (superfinega) sladkorja

1,5 ml/¼ žličke kurkume

10 ml/2 žlički martini bianco

Ribe začinite s soljo in poprom. Marinirajte v limoninem soku in Worcestershire omaki 15–20 minut. V kozici (ponvi) stopimo maslo ali margarino. Dodamo šalotko in jo rahlo pražimo (dušimo), da postane mehka in napol prozorna. Dodamo šunko in gobe ter med mešanjem pražimo 7 minut. Koruzno moko zmešajte s hladnim mlekom do gladkega in dodajte preostale sestavine. Fileje morske plošče zvijte in prebodite s koktajlnimi palčkami (zobotrebci). Razporedimo v globok krožnik s premerom 20 cm/8. Premažemo z gobovo mešanico. Pokrijte s filmom za živila (plastično folijo) in ga dvakrat zarežite, da lahko para uhaja. Kuhajte na polni moči 10 minut.

Ragu školjke z orehi

Služi 4

30 ml/2 žlici oljčnega olja

1 čebula, olupljena in narezana

2 korenčka, olupljena in na drobno narezana

3 stebla zelene, narezana na ozke trakove

1 rdeča (bolgarska) paprika, očiščena in narezana na trakove

1 zelena (bolgarska) paprika, očiščena in narezana na trakove

1 manjša bučka (bučka), obrezana in na tanke rezine narezana

250 ml/8 fl oz/1 skodelica rosé vina

1 šopek garni vrečka

325 ml/11 fl oz/1 1/3 skodelice zelenjavne ali ribje osnove

400 g/14 oz/1 velika pločevinka narezanih paradižnikov

125 g kolobarjev lignjev

125 g/4 oz kuhanih školjk brez lupine

200 g/7 oz limoninega lista ali fileja iverke, narezanega na koščke

4 velikanske kozice (jumbo kozice), kuhane

50 g/2 oz/½ skodelice orehov, grobo sesekljanih

30 ml/2 žlici črnih oliv brez koščic

10 ml/2 žlički gina

Sok ½ majhne limone

2,5 ml/½ žličke granuliranega sladkorja

1 bageta

30 ml/2 žlici grobo sesekljanih listov bazilike

Olje nalijte v posodo s prostornino 2,5 litra/4½ pt/11 skodelic. Segrevajte nepokrito na polni moči 2 minuti. Dodamo pripravljeno zelenjavo in prelijemo z oljem, da se zabeli. Pokrijte s filmom za živila (plastično folijo) in ga dvakrat zarežite, da lahko para uhaja. Kuhajte na polni moči 5 minut. Dodajte vino in šopek garni. Pokrijte kot prej in kuhajte pri polni moči 5 minut. Dodamo osnovo, paradižnik in ribe. Ponovno pokrijte in kuhajte pri polni moči 10 minut. Zmešajte vse preostale sestavine razen bazilike. Ponovno pokrijte in kuhajte pri polni moči 4 minute. Potresemo z baziliko in postrežemo vroče.

Trska Hot-pot

Služi 4

25 g/1 oz/2 žlici masla ali margarine
1 čebula, olupljena in narezana
2 korenčka, olupljena in na drobno narezana
2 stebli zelene, na tanke rezine
150 ml/¼ pt/2/3 skodelice srednje suhega belega vina
400 g fileja trske brez kože, narezanega na velike kocke
15 ml/1 žlica koruzne moke (koruznega škroba)
75 ml/5 žlic hladnega mleka
350 ml/12 fl oz/1½ skodelice ribje ali zelenjavne osnove
Sol in sveže mlet črni poper
75 ml/5 žlic sesekljanega kopra (trave kopra)
300 ml/½ pt/1¼ skodelice dvojne (težke) smetane, nežno stepene
2 rumenjaka

Maslo ali margarino dajte v pekač s premerom 20 cm/8 v (nizozemska pečica). Segrevajte nepokrito na polni moči 2 minuti. Zmešajte zelenjavo in vino. Pokrijte s filmom za živila (plastično folijo) in ga dvakrat zarežite, da lahko para uhaja. Kuhajte na polni moči 5 minut. Pustite stati 3 minute. Odkriti. Zelenjavi dodajte ribe. Koruzno moko zmešajte s hladnim mlekom do gladkega, nato dodajte v enolončnico z osnovo. Sezona. Pokrijte kot prej in kuhajte na polni moči 8 minut. Dodajte koper. Smetano temeljito zmešamo z rumenjaki in vmešamo v enolončnico. Pokrijte in kuhajte pri polni moči 1½ minute.

Dimljena polenovka Hot-pot

Služi 4

Pripravite kot za Cod Hot-pot, vendar zamenjajte dimljeni file polenovke s svežim.

Morska spaka v smetanovi omaki iz zlate limone

Služi 6

300 ml/½ pt/1¼ skodelice polnomastnega mleka

25 g/1 oz/2 žlici masla ali margarine, na kuhinjski temperaturi

675 g/1½ lb filejev morske spake, narezanih na grižljaj velike kose

45 ml/3 žlice navadne (univerzalne) moke

2 velika rumenjaka

Sok 1 velike limone

2,5–5 ml/½ –1 čajne žličke soli

2,5 ml/½ žličke drobno sesekljanega pehtrana

Kuhane vol-au-vent škatle (lupine) ali popečene rezine kruha ciabatta

Mleko nalijte v vrč in ga segrevajte brez pokrova na polni temperaturi 2 minuti. Maslo ali margarino dajte v globoko posodo s premerom 20 cm/8. Stopite, nepokrito, na odmrzovanju 1½ minute. Ribje kose potresemo z moko in dodamo maslu ali margarini v posodo. Nežno prilijte mleko. Pokrijte s filmom za živila (plastično folijo) in ga dvakrat zarežite, da lahko para uhaja. Kuhajte pri polni moči 7 minut. Rumenjake, limonin sok in sol stepemo in vmešamo v ribe. Kuhajte brez pokrova na polni moči 2 minuti. Pustite stati 5 minut. Premešamo, potresemo s pehtranom in postrežemo v vol-au-vent škatlah ali z rezinami popečene ciabatte.

Podplat v kremni omaki zlate limone

Služi 6

Pripravite kot morsko spako v kremni omaki z zlato limono, le da krhlje morske spake nadomestite s koščki morske spake, narezanimi na trakove.

Holandski losos

Služi 4

4 zrezki lososa, vsak po 175–200 g/6–7 oz
150 ml/¼ pt vode/2/3 skodelice vode ali suhega belega vina
2,5 ml/½ žličke soli
Holandska omaka

Zrezke razporedite po stenah globokega krožnika s premerom 20 cm/8. Dodajte vodo ali vino. Ribe potresemo s soljo. Pokrijte s filmom za živila (plastično folijo) in ga dvakrat zarežite, da lahko para uhaja. Kuhajte pri odmrzovanju (da preprečite pljuvanje lososa) 16–18 minut. Pustite stati 4 minute. Z rezino ribe dvignite na štiri segrete krožnike in odcedite tekočino. Vsako premažemo s holandsko omako.

Holandski losos s koriandrom

Služi 4

Pripravite kot holandski losos, vendar dodajte 30 ml/2 žlici sesekljanega koriandra (cilantra) v omako takoj, ko je kuhana. Za dodatno aromo primešajte 10 ml/2 žlički sesekljane melise.

Majonezni kosmiči lososa

Služi 6

900 g svežega lososovega fileja brez kože
Sol in sveže mlet črni poper
Stopljeno maslo ali margarina (neobvezno)
50 g/2 oz/½ skodelice narezanih mandljev, opečenih
1 majhna čebula, drobno sesekljana
30 ml/2 žlici drobno sesekljanega peteršilja
5 ml/1 žlička sesekljanega pehtrana
200 ml/7 fl oz/manjka 1 skodelica francoske majoneze
Solatni listi
Koromač za okras

Lososa razdelite na štiri dele. Razporedite po robu globoke posode s premerom 25 cm/10 cm. Po vrhu jih potresemo s soljo in poprom ter po želji pokapljamo z malo stopljenega masla ali margarine. Pokrijte s filmom za živila (plastično folijo) in ga dvakrat zarežite, da lahko para uhaja. Kuhajte na odmrzovanju 20 minut. Pustite, da se ohladi do mlačnega, nato pa ribo nakosmite z dvema vilicama. Prestavimo v skledo, dodamo polovico mandljev ter čebulo, peteršilj in pehtran. Nežno vmešajte majonezo, dokler ni dobro premešana in vlažna. Dolg servirni krožnik obložite z listi zelene solate. Po vrhu razporedite vrvico lososove majoneze. Potresemo s preostalimi mandlji in okrasimo s koromačem.

Pečen losos na mediteranski način

Služi za 6–8

1,5 kg/3lb porcija srednjega reza lososa
60 ml/4 žlice oljčnega olja
60 ml/4 žlice limoninega soka
60 ml/4 žlice paradižnikove mezge (pasta)
15 ml/1 žlica sesekljanih listov bazilike
7,5 ml/1½ žličke soli
45 ml/3 žlice majhnih kaper, odcejenih
45 ml/3 žlice sesekljanega peteršilja

Lososa operemo in poskrbimo, da odstranimo vse luske. Postavite v globoko posodo s premerom 20 cm/8 cm. Zmešajte preostale sestavine in z žlico prelijte ribe. Pokrijte s krožnikom in pustite, da se marinira v hladilniku 3 ure. Pokrijte s filmom za živila (plastično folijo) in ga dvakrat zarežite, da lahko para uhaja. Kuhajte na polni moči 20 minut, posodo dvakrat obrnite. Razdelite na porcije za serviranje.

Kedgeree s Curryjem

Služi 4

Kedgeree, ki je bil nekoč jed za zajtrk, zlasti povezan s kolonialnimi dnevi v Indiji na prelomu stoletja, se zdaj pogosteje streže za kosilo.

350 g/12 oz dimljene vahnje ali fileja trske
60 ml/4 žlice hladne vode
50 g/2 oz/¼ skodelice masla ali margarine
225 g/8 oz/1 skodelica basmati riža
15 ml/1 žlica blagega curryja
600 ml/1 pt/2½ skodelice vrele vode
3 trdo kuhana (trdo kuhana) jajca
150 ml/¼ pt/2/3 skodelice enojne (lahke) smetane
15 ml/1 žlica sesekljanega peteršilja
Sol in sveže mlet črni poper
Vejice peteršilja, za okras

Ribo dajte v plitvo posodo s hladno vodo. Pokrijte s filmom za živila (plastično folijo) in ga dvakrat zarežite, da lahko para uhaja. Kuhajte na polni moči 5 minut. Odtok. Meso razkosmite z dvema vilicama, odstranite kožo in kosti. Maslo ali margarino dajte v okrogel 1,75 l/3 pt/7½ skodelice toplotno odporen servirni krožnik in stopite pri odmrzovanju 1½–2 minuti. Vmešajte riž, kari in vrelo vodo. Pokrijte kot prej in kuhajte pri polni moči 15 minut. Dve jajci sesekljajte in vmešajte v posodo z ribami, smetano in peteršiljem ter začinite po okusu. Vilice zaokrožite, pokrijte z obrnjenim krožnikom in ponovno segrevajte pri polni moči 5 minut. Preostalo jajce narežemo. Posodo vzamemo iz mikrovalovne pečice in okrasimo z narezanim jajcem in vejicami peteršilja.

Kedgeree z dimljenim lososom

Služi 4

Pripravite kot Kedgeree s curryjem, vendar prekajeno vahnjo ali trsko nadomestite z 225 g/8 oz prekajenega lososa (lox), narezanega na trakove. Dimljenega lososa ni treba predkuhati.

Prekajeni ribji quiche

Služi 6

175 g/6 oz krhkega testa (osnovna skorja za pito)
1 rumenjak, stepen
125 g/4 oz prekajene ribe, kot so skuša, vahnja, trska ali postrv,
kuhane in v kosmičih
3 jajca
150 ml/¼ pt/2/3 skodelice kisle (mlečne kisle) smetane
30 ml/2 žlici majoneze
Sol in sveže mlet črni poper
75 g/3 oz/¾ skodelice sira čedar, nariban
paprika
Mešana solata

Naguban steklen ali porcelanski pekač s premerom 20 cm/8 premažite z maslom. Testo razvaljamo in z njim obložimo pomaščen pekač. Dobro prebodite povsod, še posebej tam, kjer se stran sreča s podlago. Kuhajte brez pokrova na polni moči 6 minut, posodo dvakrat obrnite. Če se pojavijo izbokline, pritisnite s prsti, zaščitenimi s kuhinjskimi rokavicami. Notranjost pekača (pito) premažite z rumenjakom. Kuhajte na polni moči 1 minuto, da zaprete morebitne luknje. Odstranite iz pečice. Podlago obložimo z ribami. Jajca stepemo s smetano in majonezo, začinimo po okusu. Vlijemo v quiche in potresemo s sirom in papriko. Kuhajte brez pokrova na polni moči 8 minut. Postrezite toplo s solato.

Luizijanska kozica Gumbo

Služi 8

3 čebule, sesekljane
2 stroka česna
3 stebla zelene, drobno narezana
1 zelena (bolgarska) paprika, brez semen in drobno sesekljana
50 g/2 oz/¼ skodelice masla
60 ml/4 žlice navadne (univerzalne) moke
900 ml/1½ pt/3¾ skodelice vroče zelenjavne ali piščančje juhe
350 g/12 oz okra (ženski prstki), z vrhom in z repom
15 ml/1 žlica soli
10 ml/2 žlički mletega koriandra (cilantra)
5 ml/1 žlička kurkume
2,5 ml/½ žličke mletega pimenta
30 ml/2 žlici limoninega soka
2 lovorjeva lista
5–10 ml/1–2 žlički omake Tabasco
450 g/1 lb/4 skodelice kuhanih olupljenih kozic (škampov), odmrznjenih, če so zamrznjene
350 g/12 oz/1½ skodelice dolgozrnatega riža, kuhanega

Čebulo dajte v posodo s prostornino 2,5 l/4½ pt/11 skodelic. Po vrhu strt česen. Dodajte zeleno in zeleno papriko. Maslo stopite na polni moči 2 minuti. Vmešamo moko. Odkrito kuhajte na polni moči 5–7 minut, štirikrat premešajte in pazljivo opazujte, da se zažge, dokler zmes ne postane lahke piškotne barve. Postopoma primešajte osnovo. Dati na stran. Bamijo narežite na koščke in dodajte zelenjavi z vsemi preostalimi sestavinami razen tabaska in kozic, vendar vključno z mešanico za pečenje. Pokrijte s filmom za živila (plastično folijo) in ga dvakrat zarežite, da lahko para uhaja. Kuhajte na polni moči 25 minut. Pustite stati 5 minut. Vmešajte tabasco in kozice. Z žlico naložimo v segrete globoke sklede in v vsako dodamo kupček sveže kuhanega riža. Jejte takoj.

Morska spaka Gumbo

Služi 8

Pripravite ga kot Louisiana Prawn Gumbo, vendar kozice (škampe) nadomestite z enako težo na trakove narezanih morskih spak. Pokrijte s filmom za živila (plastično folijo) in kuhajte na polni moči 4 minute, preden jih prestavite v servirne sklede.

Mešani ribji gumbo

Služi 8

Pripravite ga kot Louisiana Prawn Gumbo, vendar kozice (škampe) nadomestite z različnimi ribjimi fileji.

Postrv z mandlji

Služi 4

50 g/2 oz/¼ skodelice masla
15 ml/1 žlica limoninega soka
4 srednje postrvi
50 g/2 oz/½ skodelice narezanih mandljev, opečenih
Sol in sveže mlet črni poper
4 rezine limone
Vejice peteršilja

Maslo stopite na odmrzovanju 1½ minute. Vmešajte limonin sok. Postrvi položite od glave do repa v z maslom namazan pekač velikosti 25 3 20 cm/10 3 8. Ribe premažemo z masleno mešanico in potresemo z mandlji ter začimbami. Pokrijte s filmom za živila (plastično folijo) in ga dvakrat zarežite, da lahko para uhaja. Kuhajte na polni moči 9–12 minut in posodo dvakrat obrnite. Pustite stati 5 minut. Preložimo na štiri segrete krožnike. Prelijemo s tekočino od kuhanja in okrasimo z rezinami limone in vejicami peteršilja.

Provansalske kozice

Služi 4

225 g/8 oz/1 skodelica enostavno skuhanega dolgozrnatega riža
600 ml/1 pt/2½ skodelice vroče ribje ali piščančje juhe
5 ml/1 žlička soli
15 ml/1 žlica oljčnega olja
1 čebula, naribana
1–2 stroka česna, strta
6 velikih zelo zrelih paradižnikov, blanširanih, olupljenih in narezanih
15 ml/1 žlica sesekljanih listov bazilike
5 ml/1 čajna žlička temnega mehkega rjavega sladkorja
450 g/1 lb/4 skodelice zamrznjene olupljene kozice (škampi), neodmrznjene
Sol in sveže mlet črni poper
Sesekljan peteršilj

Riž položite v posodo s prostornino 2 litra/3½ pt/8½ skodelice. Primešamo vročo osnovo in sol. Pokrijte s filmom za živila (plastično folijo) in ga dvakrat zarežite, da lahko para uhaja. Kuhajte na polni moči 16 minut. Pustite stati 8 minut, da riž vpije vso vlago. Olje nalijte v 1,75 l/3 pt/7½ skodelice za serviranje. Odkrito segrevajte na polni moči 1½ minute. Primešamo čebulo in česen. Kuhajte brez pokrova na polni moči 3 minute in dvakrat premešajte. Dodamo paradižnik z bazilko in sladkorjem. Pokrijte s krožnikom in kuhajte na polni moči 5 minut, dvakrat premešajte. Primešamo zamrznjene kozice in začimbe po okusu. Pokrijte kot prej in kuhajte na polni moči 4 minute, nato nežno ločite kozice. Ponovno pokrijte in kuhajte na polni moči še 3 minute. Pustite stati. Riž pokrijte s krožnikom in ponovno segrevajte na odmrzovanju 5–6 minut. Z žlico naložite na štiri segrete krožnike in prelijte mešanico rib in paradižnika. Potresemo s peteršiljem in postrežemo vroče.

Morska plošča v omaki iz zelene s praženimi mandlji

Služi 4

8 filejev morske plošče, skupna teža približno 1 kg/2¼ lb
300 ml/10 fl oz/1 pločevinka kondenzirane kremne juhe zelene
150 m/¼ pt/2/3 skodelice vrele vode
15 ml/1 žlica drobno sesekljanega peteršilja
30 ml/2 žlici narezanih (narezanih) mandljev, opečenih

Ribje fileje zvijte od glave do repa, s kožo na notranji strani. Razporedite po robu globokega z maslom namazanega pekača premera 25 cm/10. Narahlo zmešajte juho in vodo ter vmešajte peteršilj. Z žlico prelijte ribe. Posodo pokrijemo s filmom za živila (plastično folijo) in jo dvakrat zarežemo, da lahko para uhaja. Kuhajte na polni moči 12 minut, posodo dvakrat obrnite. Pustite stati 5 minut. Kuhajte pri polni moči še 6 minut. Naložimo na segrete krožnike in postrežemo, potresemo z mandlji.

Fileji v paradižnikovi omaki z majaronom

Služi 4

Pripravite kot morsko ploščo v omaki iz zelene s praženimi mandlji, vendar zamenjajte kondenzirano paradižnikovo juho za zeleno in 2,5 ml/½ žličke posušenega majarona za peteršilj.

Fileji v gobovi omaki z vodno krešo

Služi 4

Pripravite kot za morsko ploščo v omaki iz zelene s praženimi mandlji, vendar zamenjajte kondenzirano gobovo juho za zeleno in 30 ml/2 žlici sesekljane vodne kreše za peteršilj.

Sesekljana trska s poširanimi jajci

Služi 4

To so našli v ročno napisanem zvezku iz devetnajstega stoletja, ki je pripadal babici starega prijatelja.

675 g/1½ lb fileja trske brez kože
10 ml/2 žlički stopljenega masla ali margarine ali sončničnega olja
paprika
Sol in sveže mlet črni poper
50 g/2 oz/¼ skodelice masla ali margarine
8 velikih spomladanskih čebulic (čebula), narezanih in sesekljanih
350 g/12 oz hladno kuhanega krompirja, narezanega na kocke
150 ml/¼ pt/2/3 skodelice enojne (lahke) smetane
5 ml/1 žlička soli
4 jajca
175 ml/6 fl oz/¾ skodelice vroče vode
5 ml/1 žlička kisa

Ribe razporedimo v plitek krožnik. Premažite z nekaj stopljenega masla ali margarine ali olja. Začinimo s papriko, soljo in poprom. Pokrijte s filmom za živila (plastično folijo) in ga dvakrat zarežite, da lahko para uhaja. Kuhajte na odmrzovanju 14–16 minut. Ribo razkosnite z dvema vilicama in ji odstranite kosti. Preostalo maslo, margarino ali olje dajte v pekač premera 20 cm/8 premera (pekač). Odkrito segrevajte pri odmrzovanju 1½–2 minuti. Zmešajte čebulo. Pokrijte s krožnikom in kuhajte na polni moči 5 minut. Vmešajte ribe s krompirjem, smetano in soljo. Pokrijte kot prej in ponovno segrevajte pri polni moči 5–7 minut, dokler ni zelo vroče, ter enkrat ali dvakrat premešajte. Ohranite vroče. Za poširanje jajc dve nežno razbijte v majhno posodo ter dodajte polovico vode in polovico kisa. Rumenjake s konico noža preluknjamo. Pokrijte s krožnikom in kuhajte na polni 2 minuti. Pustite stati 1 minuto. Ponovite s preostalimi jajci, vročo vodo in kisom. Porcije hašiša naložite na štiri segrete krožnike in vsakega prelijte z jajcem.

Vahnja in zelenjava v omaki iz jabolčnika

Služi 4

50 g/2 oz/¼ skodelice masla ali margarine
1 čebula, tanko narezana in ločena na kolobarje
3 korenčki, narezani na tanke rezine
50 g/2 oz narezanih gob
4 kosi vahnje ali druge bele ribe s fileti in kožo
5 ml/1 žlička soli
150 ml/¼ pt/2/3 skodelice srednje sladkega jabolčnika
10 ml/2 žlički koruzne moke (koruznega škroba)
15 ml/1 žlica hladne vode

Polovico masla ali margarine damo v globoko posodo s premerom 20 cm/8. Talite, nepokrito, na odmrzovanju približno 1½ minute. Dodamo čebulo, korenje in gobe. Po vrhu razporedimo ribe. Potresemo s soljo. Jabolčnik nežno prelijte po ribah. Potresemo s preostalim maslom ali margarino. Pokrijte s filmom za živila (plastično folijo) in ga dvakrat zarežite, da lahko para uhaja. Kuhajte na polni moči 8 minut. V steklenem vrču gladko zmešajte koruzno moko s hladno vodo in nežno precedite ribji liker. Kuhajte brez pokrova na polni moči 2 minuti in pol, dokler se ne zgosti, in vsako minuto mešajte. Prelijemo čez ribe in zelenjavo. Naložite na segrete krožnike in takoj pojejte.

Obmorska pita

Služi 4

Za preliv:

700 g/1½ lb mokastega krompirja, teža neolupljen
75 ml/5 žlic vrele vode
15 ml/1 žlica masla ali margarine
75 ml/5 žlic mleka ali enojne (lahke) smetane
Sol in sveže mlet poper
Nariban muškatni oreček

Za omako:

300 ml/½ pt/1¼ skodelice hladnega mleka
30 ml/2 žlici masla ali margarine
20 ml/4 žličke navadne (univerzalne) moke
75 ml/5 žlic rdečega sira Leicester ali obarvanega sira Cheddar, naribanega
5 ml/1 žlička polnozrnate gorčice
5 ml/1 žlička Worcestershire omake

Za ribjo mešanico:

450 g/1 lb fileja bele ribe brez kože, na kuhinjski temperaturi
Stopljeno maslo ali margarina
paprika
60 ml/4 žlice sira Red Leicester ali obarvanega sira Cheddar, nariban

Za preliv pa krompir operemo in olupimo ter narežemo na velike kocke. V posodo z vrelo vodo dajte 1,5 litra/2½ pt/6 skodelic. Pokrijte s filmom za živila (plastično folijo) in ga dvakrat zarežite, da lahko para uhaja. Kuhajte na polni moči 15 minut, posodo dvakrat obrnite. Pustite stati 5 minut. Odcedimo in temeljito pretlačimo z maslom ali margarino in mlekom ali smetano ter stepamo do puhastega. Po okusu začinimo s soljo, poprom in muškatnim oreščkom.

Za pripravo omake segrevajte mleko brez pokrova pri polni moči 1½ minute. Dati na stran. Stopite maslo ali margarino, nepokrito, na odmrzovanju 1–1½ minute. Vmešamo moko. Kuhajte brez pokrova na polni moči 30 sekund. Postopoma vmešajte mleko. Kuhajte na polni moči približno 4 minute in stepajte vsako minuto, da zagotovite gladkost, dokler se omaka ne zgosti. Preostalim sestavinam omake primešamo sir.

Za pripravo ribje mešanice fileje razporedite v plitek krožnik in premažite s stopljenim maslom ali margarino. Začinimo s papriko, soljo in poprom. Pokrijte s filmom za živila (plastično folijo) in ga dvakrat zarežite, da lahko para uhaja. Kuhajte pri polni moči 5–6 minut. Ribo razkosmite z dvema vilicama in ji odstranite morebitne kosti. Prenesite v z maslom namazan 1,75 l/3 pt/7½ skodelice. Vmešajte omako. Pokrijte s krompirjem in potresite s sirom in dodatno papriko. Ponovno segrevajte nepokrito na polni moči 6–7 minut.

Smoky Fish Toppers

Služi 2

2 zamrznjeni porciji dimljene vahnje, po 175 g/6 oz
Sveže mleti črni poper
1 manjša bučka (bučka), narezana na rezine
1 majhna čebula, narezana na tanke rezine
2 paradižnika, blanširana, olupljena in narezana
½ rdeče (bolgarske) paprike, brez semen in narezane na trakove
15 ml/1 žlica narezanega drobnjaka

Ribe razporedite v globoko posodo s premerom 18 cm/7. Začinimo s poprom. Pokrijte s filmom za živila (plastično folijo) in ga dvakrat zarežite, da lahko para uhaja. Kuhajte na polni moči 8 minut. Ribe z žlico prelijte s sokom in pustite stati 1 minuto. Zelenjavo položite v drugo srednje veliko enolončnico (nizozemska pečica). Pokrijte s krožnikom in kuhajte na polni moči 5 minut ter enkrat premešajte. Na ribe z žlico naložimo zelenjavo. Pokrijte kot prej in kuhajte na polni 2 minuti. Potresemo z drobnjakom in postrežemo.

Coley fileji z marmelado iz pora in limone

Služi 2

Nenavaden aranžma Edinburškega urada za morske ribe, ki je prispeval tudi naslednje tri recepte.

15 ml/1 žlica masla
1 strok česna, olupljen in strt
1 por narežemo na tanke rezine
2 fileja coleyja, vsak po 175 g/6 oz, brez kože
Sok ½ limone
10 ml/2 žlički limonine marmelade
Sol in sveže mlet črni poper

Maslo, česen in por dajte v globoko posodo s premerom 18 cm/7. Pokrijte s filmom za živila (plastično folijo) in ga dvakrat zarežite, da lahko para uhaja. Kuhajte pri polni moči 2 minuti in pol. Odkriti. Po vrhu razporedite fileje in jih pokapajte s polovico limoninega soka. Pokrijte kot prej in kuhajte pri polni moči 7 minut. Ribo prestavimo na dva segreta krožnika in pustimo na toplem. Preostali limonin sok, marmelado in začimbe vmešamo v ribji sok in por. Pokrijte s krožnikom in kuhajte na polni moči 1½ minute. Z žlico prelijemo ribe in postrežemo.

Morska riba v jakni

Služi 4

4 krompirji za peko, neolupljeni, a dobro očiščeni
450 g/1 lb fileja bele ribe, olupljen in narezan na kocke
45 ml/3 žlice masla ali margarine
3 mlade čebule (poglavice), narezane in sesekljane
30 ml/2 žlici polnozrnate gorčice
1,5 ml/¼ žličke paprike, plus dodatek za posip
30–45 ml/2–3 žlice navadnega jogurta
Sol

Krompir postavite neposredno na vrtljivi krožnik, pokrijte s kuhinjskim papirjem in kuhajte na polni moči 16 minut. Zavijte v čisto kuhinjsko krpo (krpo za posodo) in odložite. Ribe položite v pekač premera 18 cm/7 premera (nizozemska pečica) z maslom ali margarino, mlado čebulo, gorčico in papriko. Pokrijte s krožnikom in kuhajte na polni moči 7 minut, dvakrat premešajte. Pustite stati 2 minuti. Primešamo jogurt in sol po okusu. Na vrhu vsakega krompirja zarežite križ in ga nežno stisnite, da se odpre. Napolnite z ribjo mešanico, potresite s papriko in pojejte vroče.

Švedska polenovka s stopljenim maslom in jajcem

Služi 4

300 ml/½ pt/1¼ skodelice hladne vode
3 cele nageljne
5 brinovih jagod
1 lovorjev list, zdrobljen
2,5 ml/½ žličke mešanice začimb za vlaganje
1 čebula, narezana na četrtine
10 ml/2 žlički soli
4 na sredini narezani zrezki sveže polenovke, vsak po 225 g/8 oz
75 g/3 oz/2/3 skodelice masla
2 trdo kuhani (trdo kuhani) jajci (strani 98–9), oluščeni in narezani

V steklen vrč damo vodo, nageljnove žbice, brinove jagode, lovorov list, začimbo za vlaganje, četrtine čebule in sol. Pokrijte s filmom za živila (plastično folijo) in ga dvakrat zarežite, da lahko para uhaja. Kuhajte na polni moči 15 minut. Obremenitev. Ribe položimo v globoko posodo s premerom 25 cm/10 cm in prelijemo s precejeno tekočino. Pokrijemo s folijo za živila in jo dvakrat zarežemo, da lahko para uhaja. Kuhajte na polni moči 10 minut, posodo dvakrat obrnite. Ribo z ribjo rezino preložimo v ogreto posodo in jo hranimo na toplem. Stopite maslo, nepokrito, na odmrzovanju 2 minuti. Prelijemo čez ribe. Potresemo s sesekljanimi jajci in postrežemo.

Morski sadeži Stroganoff

Služi 4

30 ml/2 žlici masla ali margarine
1 strok česna, zdrobljen
1 čebula, narezana
125 g/4 oz gob
700 g/1½ lb fileja bele ribe, olupljen in narezan na kocke
150 ml/¼ pt/2/3 skodelice kisle (mlečne kisle) smetane ali crème fraîche
Sol in sveže mlet črni poper
30 ml/2 žlici sesekljanega peteršilja

Maslo ali margarino dajte v pekač s premerom 20 cm/8 v (nizozemska pečica). Stopite, nepokrito, na odmrzovanju 2 minuti. Dodamo česen, čebulo in gobe. Pokrijte s filmom za živila (plastično folijo) in ga dvakrat zarežite, da lahko para uhaja. Kuhajte na polni moči 3 minute. Dodajte ribje kocke. Pokrijte kot prej in kuhajte na polni moči 8 minut. Primešamo smetano ter začinimo s soljo in poprom. Ponovno pokrijte in kuhajte na polni temperaturi 1½ minute. Postrežemo posuto s peteršiljem.

Sveža tuna Stroganoff

Služi 4

Pripravite kot Seafood Stroganoff, vendar belo ribo zamenjajte s svežo tuno.

Ragout iz bele ribe Vrhunski

Služi 4

30 ml/2 žlici masla ali margarine
1 čebula, sesekljana
2 korenčka, na drobno narezana
6 stebel zelene, na tanke rezine
150 ml/¼ pt/2/3 skodelice belega vina
400 g fileja polenovke ali vahnje brez kože, narezanega na kocke
10 ml/2 žlički koruzne moke (koruznega škroba)
90 ml/6 žlic enojne (lahke) smetane
150 ml/¼ pt/2/3 skodelice zelenjavne osnove
Sol in sveže mlet črni poper
2,5 ml/½ žličke sardonove esence (izvleček) ali Worcestershire omake
30 ml/2 žlici sesekljanega kopra (trave kopra)
300 ml/½ pt/1¼ skodelice smetane za stepanje

2 rumenjaka

Maslo ali margarino dajte v pekač s premerom 20 cm/8 v (nizozemska pečica). Segrevajte nepokrito na polni moči 2 minuti. Dodajte zelenjavo in vino. Pokrijte s filmom za živila (plastično folijo) in ga dvakrat zarežite, da lahko para uhaja. Kuhajte na polni moči 5 minut. Pustite stati 3 minute. Zelenjavi dodajte ribe. Koruzno moko gladko zmešamo s smetano, nato pa vmešamo še juho. Začinite s soljo, poprom in esenco inčunov ali Worcestershire omako. Prelijemo čez ribe. Pokrijte kot prej in kuhajte na polni moči 8 minut. Vmešamo koper, nato stepemo smetano in rumenjake ter vmešamo v ribjo zmes. Pokrijte kot prej in kuhajte na odmrzovanju 3 minute.

Lososova pena

Služi 8

30 ml/2 žlici želatine v prahu
150 ml/¼ pt/2/3 skodelice hladne vode
418 g/15 oz/1 velika pločevinka rdečega lososa
150 ml/¼ pt/2/3 skodelice kremaste majoneze
15 ml/1 žlica blage pripravljene gorčice
10 ml/2 žlički Worcestershire omake
30 ml/2 žlici sadnega čatnija, po potrebi nasekljanega
Sok ½ velike limone
2 velika beljaka
Ščepec soli
Kreša, rezine kumare, zelena solata in rezine sveže limete za okras

Želatino vmešamo v 75 ml/5 žlic hladne vode in pustimo stati 5 minut, da se zmehča. Stopite, odkrito, na odmrzovanju 2½–3 minute. Ponovno premešamo in primešamo preostalo vodo. Vsebino pločevinke lososa stresite v precej veliko skledo in jo preluknjajte z vilicami, pri čemer odstranite vso kožo in kosti, nato pa dokaj drobno pretlačite. Zmešajte stopljeno želatino, majonezo, gorčico, Worcestershire omako, čatni in limonin sok. Pokrijte in ohladite, dokler se le ne začne gostiti in zaokroži robove. Iz beljakov stepemo trd sneg. Eno tretjino stepite v strjeno mešanico lososa s soljo. Vmešajte preostale beljake in zmes prenesite v 1,5 l/2½ pt/6 skodelic model z obroči, ki ste ga najprej splaknili s hladno vodo. Pokrijte s filmom za živila (plastično folijo) in ohladite 8 ur, dokler se ne strdi. Preden postrežete, hitro potopite kalup do roba v hladno vodo in iz njega, da se zrahlja. Z mokrim nožem nežno potegnite ob straneh, nato pa obrnite na velik namočen servirni krožnik. (Močenje prepreči lepljenje želeja.) Privlačno okrasite z veliko kreše, rezinami kumare, zeleno solato in rezinami limete.

Lososova pena za diete

Služi 8

Pripravite kot lososov mousse, vendar majonezo nadomestite z age frais ali quark.

Rakovica Mornay

Služi 4

300 ml/½ pt/1¼ skodelice polnomastnega mleka
10 ml/2 žlički mešanice začimb za vlaganje
1 majhna čebula, narezana na 8 rezin
2 vejici peteršilja
Ščepec muškatnega oreščka
30 ml/2 žlici masla
30 ml/2 žlici navadne (univerzalne) moke
Sol in sveže mlet črni poper
75 g/3 oz/¾ skodelice sira Gruyère (švicarski), nariban
5 ml/1 čajna žlička kontinentalne gorčice
350 g/12 oz pripravljenega svetlega in temnega rakovega mesa
Rezine toasta

Mleko nalijte v steklen ali plastičen vrč in vmešajte začimbe za vlaganje, rezine čebule, peteršilj in muškatni orešček. Pokrijte s krožnikom in segrevajte pri polni moči 5–6 minut, dokler mleko ne začne lesketati. Obremenitev. Maslo dajte v skledo s prostornino 1,5 litra/2½ pt/6 skodelic in ga stopite pri odmrzovanju 1½ minute. Vmešajte moko. Kuhajte na polni moči 30 sekund. Postopoma vmešajte toplo mleko. Kuhajte na polni moči približno 4 minute, vsako minuto mešajte, dokler omaka ne zavre in se zgosti. Začinite s soljo in poprom ter vmešajte sir in gorčico. Kuhajte na polni moči 30 sekund ali dokler se sir ne stopi. Vmešajte rakovo meso. Pokrijte s krožnikom in segrevajte pri polni moči 2–3 minute. Postrezite na sveže pripravljenem toastu.

Tuna Mornay

Služi 4

Pripravite kot Crab Mornay, vendar rakovo meso nadomestite s tunino v konzervi v olju. Meso nakosmičimo z dvema vilicama in dodamo omaki z oljem iz pločevinke.

Rdeči losos Mornay

Služi 4

Pripravite kot Crab Mornay, vendar rakovo meso nadomestite z odcejenim in na kosmičih konzerviranim rdečim lososom.

Kombinacija morskih sadežev in orehov

Služi 4

45 ml/3 žlice oljčnega olja
1 čebula, sesekljana
2 korenja, narezana na rezine
2 stebli zelene, na tanke rezine
1 rdeča (bolgarska) paprika, očiščena in narezana na trakove
1 zelena (bolgarska) paprika, očiščena in narezana na trakove
1 manjša bučka (bučka), narezana na tanke rezine
250 ml/8 fl oz/1 skodelica belega vina
Ščepec mešanice začimb
300 ml/½ pt/1¼ skodelice ribje ali zelenjavne osnove
450 g/1 lb zrelih paradižnikov, blanširanih, olupljenih in narezanih
125 g kolobarjev lignjev
400 g/14 oz fileja morske plošče ali limoninega lista, narezanega na kvadratke
125 g/4 oz kuhanih školjk
4 velike kuhane kozice (škampi)
50 g/2 oz/½ skodelice polovic ali kosov orehov
50 g/2 oz/1/3 skodelice sultanin (zlate rozine)

Kanček šerija
Sol in sveže mlet črni poper
Sok 1 limone
30 ml/2 žlici sesekljanega peteršilja

V 2,5 l/4½ pt/11 skodelici enolončnici (nizozemska pečica) segrevajte olje 2 minuti pri polni moči. Dodajte vso zelenjavo. Kuhajte brez pokrova na polni moči 5 minut in dvakrat premešajte. Vsem ribam in morskim sadežem dodajte vino, začimbe, osnovo in paradižnik. Pokrijte s filmom za živila (plastično folijo) in ga dvakrat zarežite, da lahko para uhaja. Kuhajte na polni moči 10 minut. Vmešajte vse preostale sestavine razen peteršilja. Pokrijte kot prej in kuhajte na polni moči 4 minute. Odkrijte, potresite s peteršiljem in takoj postrezite.

Lososov obroč s koprom

Služi za 8–10

125 g/4 oz/3½ rezine ohlapnega belega kruha
900 g svežega lososovega fileja brez kože, narezanega na kocke
10 ml/2 žlički ustekleničene sardonove omake
5–7,5 ml/1–1½ žličke soli
1 strok česna, zdrobljen
4 velika jajca, pretepena
25 g/1 oz svežega kopra (plevela kopra)
beli poper

Globok pekač s premerom 23 cm/9 premažite z maslom. Kruh zdrobite v kuhinjskem robotu. Dodajte vse preostale sestavine. Stroj utripajte, dokler ni zmes ravno združena in ribe grobo mlete. Izogibajte se pretiranemu mešanju, sicer bo mešanica težka in gosta. Gladko razporedite po pripravljeni posodi in na sredino potisnite kozarec za bebi marmelado (konzervirano) ali skodelico za jajca z ravnimi stranicami, tako da zmes oblikuje obroč. Pokrijte s filmom za živila (plastično folijo) in ga dvakrat zarežite, da lahko para uhaja. Kuhajte na polni moči 15 minut, posodo dvakrat obrnite. (Obroč se bo skrčil stran od stene posode.) Pustite stati, dokler se ne ohladi, nato ponovno pokrijte in ohladite. Narežemo na kolesca in postrežemo. Ostanke lahko uporabite v sendvičih.

Mešani ribji obroč s peteršiljem

Služi za 8–10

Pripravite kot Lososov obroč s koprom, vendar lososa nadomestite z mešanico oluščenega svežega lososovega fileja, morske plošče in vahnje, kopra pa s 45 ml/3 žlice sesekljanega peteršilja.

Polenovka s slanino in paradižnikom

Služi 6

30 ml/2 žlici masla ali margarine
225 g/8 oz gamona, grobo sesekljanega
2 čebuli, narezani
1 velika zelena (bolgarska) paprika, očiščena in narezana na trakove
2 3 400 g/2 3 14 oz/2 veliki pločevinki paradižnika
15 ml/1 žlica blage kontinentalne gorčice
45 ml/3 žlice Cointreau ali Grand Marnier
Sol in sveže mlet črni poper
700 g/1½ lb fileja trske brez kože, narezanega na kocke
2 stroka česna, zdrobljena
60 ml/4 žlice praženih rjavih drobtin
15 ml/1 žlica arašidovega (arašidovega) ali sončničnega olja

Maslo ali margarino dajte v 2-l/3½ pt/8½ skodelico enolončnico (nizozemska pečica). Odkrito segrevajte na polni moči 1½ minute. Zmešajte gamon, čebulo in poper. Kuhajte brez pokrova na odmrzovanju 10 minut in dvakrat premešajte. Odstranite iz mikrovalovne pečice. Vmešajte paradižnik, ga razdrobite z vilicami in vmešajte gorčico, liker in začimbe. Pokrijte s filmom za živila (plastično folijo) in ga dvakrat zarežite, da lahko para uhaja. Kuhajte pri polni moči 6 minut. Dodajte ribe in česen. Pokrijte kot prej in kuhajte na srednji temperaturi 10 minut. Potresemo z drobtinami in po vrhu pokapamo olje. Segrevajte nepokrito na polni moči 1 minuto.

Ribji lonec Slimmers

Služi 2

Obojena s pekočo jalapeno omako in močno začinjena, uživajte v tej razkošni ribji pojedini s hrustljavim francoskim kruhom in rustikalnim rdečim vinom.

2 čebuli, grobo sesekljani
2 stroka česna, zdrobljena
15 ml/1 žlica oljčnega olja
400 g/14 oz/1 velika pločevinka narezanih paradižnikov
200 ml/7 fl oz/manjka 1 skodelica rosé vina
15 ml/1 žlica Pernod ali Ricard (pastis)
10 ml/2 žlički jalapeno omake
2,5 ml/½ žličke omake s feferoni
10 ml/2 žlički garam masale
1 lovorjev list
2,5 ml/½ žličke posušenega origana
2,5–5 ml/½–1 čajne žličke soli
225 g/8 oz morske spake ali morske plošče s kožo, narezanih na trakove
12 velikih kuhanih kozic (škampov)
2 veliki pokrovači, narezani na trakove

30 ml/2 žlici sesekljanega koriandra (cilantra) za okras

Čebulo, česen in olje dajte v 2-litrsko/3½ pt/8½ skodelico enolončnico (nizozemska pečica). Pokrijte s krožnikom in kuhajte na polni moči 3 minute. Zmešajte preostale sestavine razen rib, školjk in koriandra. Pokrijte kot prej in kuhajte na polni moči 6 minut ter trikrat premešajte. Zmešajte morsko spako ali morsko ploščo. Pokrijte kot prej in kuhajte na odmrzovanju 4 minute, dokler riba ne pobeli. Primešamo kozice in pokrovače. Pokrijte kot prej in kuhajte na odmrzovanju 1½ minute. Premešamo, naložimo v globoke krožnike in vsakega potresemo s koriandrom. Postrezite takoj.

Pečen piščanec

Piščanec, pečen v mikrovalovni pečici, je lahko sočen in privlačnega okusa, če ga obdelamo s primerno podlago in ne napolnimo.

1 piščanec, pripravljen za pečico, velikosti po želji

Za podlago:
25 g/1 oz/2 žlici masla ali margarine
5 ml/1 žlička paprike
5 ml/1 žlička Worcestershire omake
5 ml/1 žlička sojine omake
2,5 ml/½ čajne žličke česnove soli ali 5 ml/1 čajne žličke česnove paste
5 ml/1 čajna žlička paradižnikove mezge (pasta)

Opranega in posušenega piščanca postavite v posodo, ki je dovolj velika, da jo boste lahko udobno držali in da bo vanjo lahko stala tudi mikrovalovna pečica. (Ni nujno, da je globoka.) Za pripravo podlage stopite maslo ali margarino na polni moči 30–60 sekund. Vmešajte preostale sestavine in z žlico prelijte piščanca. Pokrijte s filmom za živila (plastično folijo) in ga dvakrat zarežite, da lahko para uhaja. Kuhajte na polni moči 8 minut na 450 g/1 lb, posodo obrnite vsakih 5 minut. Na polovici kuhanja izklopite mikrovalovno pečico in pustite ptico stati notri 10 minut, nato dokončajte kuhanje. Pustite stati še 5 minut. Prenesite na desko za rezanje, pokrijte s folijo in pustite stati 5 minut pred rezljanjem.

Glaziran pečen piščanec

Pripravite kot za pečenega piščanca, le da v testo dodajte 5 ml/1 čajno žličko črnega melasnega sirupa (melase), 10 ml/2 čajno žličko rjavega sladkorja, 5 ml/1 čajno žličko limoninega soka in 5 ml/1 čajno žličko rjave omake. Pustite dodatnih 30 sekund kuhanja.

Tex-Mex piščanec

Pripravite kot za pečenega piščanca. Po kuhanju ptico razdelite na porcije in dajte v čisto posodo. Premažemo s kupljeno salso, srednje do pekočo po okusu. Potresemo z 225 g/8 oz/2 skodelicama naribanega sira Cheddar. Ponovno segrevajte, nepokrito, na odmrzovanju približno 4 minute, dokler se sir ne stopi in začnejo mehurčki. Postrezite s spraženim fižolom iz pločevinke in rezinami avokada, pokapanimi z limoninim sokom.

Piščanec za kronanje

1 pečen piščanec
45 ml/3 žlice belega vina
30 ml/2 žlici paradižnikove mezge (pasta)
30 ml/2 žlici mangovega čatnija
30 ml/2 žlici presejane (precejene) marelične marmelade (konzervirajte)
30 ml/2 žlici vode
Sok ½ limone
10 ml/2 žlički blage curry paste
10 ml/2 žlički šerija
300 ml/½ pt/1¼ skodelice goste majoneze
60 ml/4 žlice stepene smetane
225 g/8 oz/1 skodelica dolgozrnatega riža, kuhanega
Vodna kreša

Sledite receptu za pečenega piščanca, vključno z osnovo. Po kuhanju meso odstranimo od kosti in ga narežemo na velike kose. Dajte v posodo za mešanje. V posodo nalijemo vino in dodamo paradižnikovo mezgo, čatni, marmelado, vodo in limonin sok. Segrevajte nepokrito na polni moči 1 minuto. Pustite, da se ohladi. Vmešajte curry pasto, šeri in majonezo ter vmešajte smetano. Združite s piščancem. Na velik servirni krožnik razporedite riževo posteljico in nanjo prelijte piščančjo mešanico. Okrasimo z vodno krešo.

Piščanec Veronique

1 pečen piščanec
1 čebula, drobno naribana
25 g/1 oz/2 žlici masla ali margarine
150 ml/¼ pt/2/3 skodelice crème fraîche
30 ml/2 žlici belega portovca ali srednje suhega šerija
60 ml/4 žlice goste majoneze
10 ml/2 žlički pripravljene gorčice
5 ml/1 čajna žlička paradižnikovega kečapa (catsup)
1 manjše steblo zelene, sesekljano
75 g zelenega grozdja brez pečk
Majhni grozdi zelenega ali rdečega grozdja brez pečk za okras

Sledite receptu za pečenega piščanca, vključno z osnovo. Po kuhanju meso odstranimo od kosti in ga narežemo na velike kose. Dajte v posodo za mešanje. Čebulo dajte v majhno skledo z maslom ali margarino in kuhajte nepokrito na polni moči 2 minuti. V tretji skledi stepite crème fraîche, portovec ali šeri, majonezo, gorčico, paradižnikov kečap in zeleno. Zložite v piščanca s kuhano čebulo in grozdjem. Prelijte v servirni krožnik in okrasite s grozdi.

Piščanec v kisovi omaki s pehtranom

Prirejeno po receptu, odkritem v vrhunski restavraciji v Lyonu v Franciji v zgodnjih sedemdesetih.

1 pečen piščanec
25 g/1 oz/2 žlici masla ali margarine
30 ml/2 žlici koruzne moke (koruznega škroba)
15 ml/1 žlica paradižnikove mezge (pasta)
45 ml/3 žlice dvojne (težke) smetane
45 ml/3 žlice sladnega kisa
Sol in sveže mlet črni poper

Sledite receptu za pečenega piščanca, vključno z osnovo. Kuhano ptico razrežemo na šest delov, pokrijemo s folijo in pustimo toplo na krožniku. Za pripravo omake nalijte piščančji sok od kuhanja v merilni vrč in dodajte 250 ml/8 fl oz/1 skodelico z vročo vodo. Maslo ali margarino dajte v ločeno posodo in nepokrito segrevajte na polni moči 1 minuto. Primešamo koruzno moko, paradižnikovo mezgo, smetano in kis ter po okusu začinimo s soljo in sveže mletim črnim poprom. Postopoma primešajte vroče piščančje sokove. Kuhajte brez pokrova na polni moči 4–5 minut, dokler se ne zgosti in nastane mehurček, vsako minuto mešajte. Prelijemo čez piščanca in takoj postrežemo.

Pečen piščanec po dansko s peteršiljevim nadevom

Pripravite ga kot pečenega piščanca, vendar v nekuhani piščančji koži naredite več zarez in napolnite z majhnimi vejicami peteršilja. V telesno votlino dajte 25 g/1 oz/2 žlici česnovega masla. Nato nadaljujte kot v receptu.

Piščanec Simla

Anglo-indijska specialiteta iz časov raja.

1 pečen piščanec
15 ml/1 žlica masla
5 ml/1 čajna žlička drobno sesekljane korenine ingverja
5 ml/1 žlička česnove kaše (pasta)
2,5 ml/½ žličke kurkume
2,5 ml/½ žličke paprike
5 ml/1 žlička soli
300 ml/½ pt/1¼ skodelice smetane za stepanje
Praženi (dušeni) čebulni kolobarji, domači ali kupljeni, za okras

Sledite receptu za pečenega piščanca, vključno z osnovo. Po kuhanju ptico razdelite na šest kosov in jo segrejte na velikem krožniku ali v krožniku. V posodi s 600 ml/1 pt/2½ skodelice segrevajte maslo pri polni moči 1 minuto. Dodajte ingver in česnovo kašo. Kuhajte brez pokrova na polni moči 1½ minute. Zmešajte kurkumo, papriko in sol, nato še smetano. Odkrito segrevajte na polni moči 4–5 minut, dokler smetana ne začne brbotati, in pri tem vsaj štirikrat stepajte. Prelijemo preko piščanca in okrasimo s čebulnimi obročki.

Začinjen piščanec s kokosom in koriandrom

Služi 4

Nežno začinjena jed s karijem iz južne Afrike.

8 porcij piščanca, skupaj 1,25 kg/2¾ lb
45 ml/3 žlice posušenega (nastrganega) kokosa
1 zelen čili, dolg približno 8 cm/3, brez semen in narezan
1 strok česna, zdrobljen
2 čebuli, naribani
5 ml/1 žlička kurkume
5 ml/1 žlička mletega ingverja
10 ml/2 žlički blagega karija
90 ml/6 žlic grobo sesekljanega koriandra (cilantra)
150 ml/¼ pt/⅔ skodelice kokosovega mleka v pločevinkah
125 g/4 oz/½ skodelice skute z drobnjakom
Sol
175 g/6 oz/¾ skodelice dolgozrnatega riža, kuhanega
Chutney, za postrežbo

Piščanca olupimo. Razporedite po robu globoke posode s premerom 25 cm/10 cm, tako da kose potisnete tesno skupaj, da se tesno prilegajo. Pokrijte s filmom za živila (plastično folijo) in ga dvakrat zarežite, da lahko para uhaja. Kuhajte na polni moči 10 minut, posodo dvakrat obrnite. Kokos damo v skledo z vsemi preostalimi sestavinami razen riža. Dobro premešamo. Piščanca odkrijemo in obložimo s kokosovo mešanico. Pokrijte kot prej in kuhajte na polni moči 10 minut, posodo štirikrat obrnite. Postrežemo v globokih krožnikih na kupčku riža s čatnijem, ki ga damo posebej.

Začinjen zajec

Služi 4

Pripravite kot pikantnega piščanca s kokosom in koriandrom, vendar piščanca nadomestite z osmimi zajčjimi porcijami.

Začinjen puran

Služi 4

Pripravite ga kot pikantnega piščanca s kokosom in koriandrom, vendar piščanca nadomestite z osmimi 175 g/6 oz koščki fileja puranjih prsi brez kosti.

Piščančji Bredie s paradižniki

Služi 6

Južnoafriška enolončnica, ki uporablja med ljudmi najbolj priljubljeno kombinacijo sestavin.

30 ml/2 žlici sončničnega ali koruznega olja
3 čebule, drobno sesekljane
1 strok česna, drobno sesekljan
1 majhen zelen čili, brez semen in nasekljan
4 paradižnike, blanširane, olupljene in narezane
750 g/1½ lb piščančjih prsi brez kosti, narezanih na majhne kocke
5 ml/1 čajna žlička temnega mehkega rjavega sladkorja
10 ml/2 žlički paradižnikove mezge (pasta)
7,5–10 ml/1½–2 žlički soli

V globoko posodo s premerom 25 cm/10 prelijemo olje. Dodamo čebulo, česen in čili ter dobro premešamo. Kuhajte brez pokrova 5 minut. V jed dodajte preostale sestavine in v sredino z jajčno skodelico naredite majhno vdolbinico, da zmes oblikuje obroč. Pokrijte s filmom za živila (plastično folijo) in ga dvakrat zarežite, da lahko para uhaja. Kuhajte na polni moči 14 minut in posodo štirikrat obrnite. Pred serviranjem pustite stati 5 minut.

Kitajski rdeči kuhan piščanec

Služi 4

Prefinjena kitajska enolončnica, pri kateri piščanec dobi barvo mahagonija, ko se duši v omaki. Jejte z veliko kuhanega riža, da absorbira slane sokove.

6 kitajskih suhih gob
8 velikih piščančjih krač, skupaj 1 kg/2¼ lb
1 velika čebula, naribana
60 ml/4 žlice drobno sesekljanega konzerviranega ingverja
75 ml/5 žlic sladkega šerija
15 ml/1 žlica črnega melasega melase
Naribana lupina 1 mandarine ali podobnega citrusa z ohlapno lupino
50 ml/2 fl oz/3½ skodelice sojine omake

Gobe namočite v vrelo vodo 30 minut. Odcedimo in narežemo na trakove. Mesnate dele bedrc narežite in razporedite po robu globoke posode s premerom 25 cm/10 tako, da so kostni konci obrnjeni proti sredini. Pokrijte s filmom za živila (plastično folijo) in ga dvakrat zarežite, da lahko para uhaja. Kuhajte na polni moči 12 minut, posodo trikrat obrnite. Zmešajte preostale sestavine, vključno z gobami, in z žlico premešajte piščanca. Pokrijte kot prej in kuhajte pri polni moči 14 minut. Pred serviranjem pustite stati 5 minut.

Aristokratska piščančja krila

Služi 4

Stoletja star kitajski recept, ki je priljubljen med elito in se uživa z jajčnimi rezanci.

8 kitajskih suhih gob
6 mlado čebulo (glava čebula), grobo sesekljano
15 ml/1 žlica arašidovega (arašidovega) olja
900 g/2 lb piščančjih peruti
225 g/8 oz konzerviranih narezanih bambusovih poganjkov
30 ml/2 žlici koruzne moke (koruznega škroba)
45 ml/3 žlice kitajskega riževega vina ali srednje suhega šerija
60 ml/4 žlice sojine omake
10 ml/2 žlički drobno sesekljane sveže korenine ingverja

Gobe namočite v vrelo vodo 30 minut. Odcedimo in narežemo na četrtine. Čebulo in olje damo v globoko posodo premera 25 cm/10 cm. Kuhajte brez pokrova na polni moči 3 minute. Mešajte krog. Piščančje peruti razporedite po pekaču, tako da v sredini pustite majhno vdolbino. Pokrijte s filmom za živila (plastično folijo) in ga dvakrat zarežite, da lahko para uhaja. Kuhajte na polni moči 12 minut, posodo trikrat obrnite. Odkriti. Premažemo z bambusovimi poganjki in tekočino iz pločevinke ter po vrhu razporedimo gobe. Koruzno moko gladko zmešajte z riževim vinom ali šerijem. Dodajte preostale sestavine. Z žlico naložite piščanca in zelenjavo. Pokrijte kot prej in kuhajte pri polni moči 10–12 minut, dokler tekočina ne začne brbotati. Pred serviranjem pustite stati 5 minut.

Chicken Chow Mein

Služi 4

½ kumare, olupljene in narezane na kocke
275 g/10 oz/2½ skodelice hladno kuhanega piščanca, narezanega na majhne kocke
450 g sveže mešane zelenjave za cvrtje
30 ml/2 žlici sojine omake
30 ml/2 žlici srednje suhega sherryja
5 ml/1 žlička sezamovega olja
2,5 ml/½ žličke soli
Kuhani kitajski rezanci, za postrežbo

Kumaro in piščanca položite v posodo s prostornino 1,75 l/3 pt/7½ skodelice. Zmešajte vse preostale sestavine. Pokrijte z velikim krožnikom in kuhajte na polni moči 10 minut. Pustite stati 3 minute, preden postrežete s kitajskimi rezanci.

Piščančji kotlet Suey

Služi 4

Pripravite kot Chicken Chow Mein, le da rezance nadomestite s kuhanim dolgozrnatim rižem.

Express mariniran kitajski piščanec

Služi 3

Pristen okus, a čim hitrejši. Jejte z rižem ali rezanci in kitajskimi kumaricami.

6 debelih piščančjih beder, skupaj približno 750 g/1½ lb
125 g/4 oz/1 skodelica sladke koruze, napol odmrznjena, če je zamrznjena
1 por, sesekljan
60 ml/4 žlice kupljene kitajske marinade

Piščanca položite v globoko skledo in dodajte preostale sestavine. Dobro premešaj. Pokrijte in ohladite 4 ure. Mešajte. Prenesite v globoko posodo s premerom 23 cm/9 in piščanca razporedite po robu. Pokrijte s filmom za živila (plastično folijo) in ga dvakrat zarežite, da lahko para uhaja. Kuhajte na polni moči 16 minut in posodo štirikrat obrnite. Pred serviranjem pustite stati 5 minut.

Hongkonški piščanec z mešano zelenjavo in fižolovimi kalčki

Za 2–3 porcije

4 kitajske suhe gobe
1 velika čebula, sesekljana
1 korenček, nariban
15 ml/1 žlica arašidovega (arašidovega) olja
2 stroka česna, zdrobljena
225 g/8 oz/2 skodelici kuhanega piščanca, narezanega na trakove
275 g/10 oz fižolovih kalčkov
15 ml/1 žlica sojine omake
1,5 ml/¼ žličke sezamovega olja
Dober ščepec kajenskega popra
2,5 ml/½ žličke soli
Kuhan riž ali kitajski rezanci za postrežbo

Gobe namočite v vrelo vodo 30 minut. Odcedimo in narežemo na trakove. Čebulo, korenček in olje položite v posodo s prostornino 1,75 l/3 pt/7½ skodelice. Kuhajte brez pokrova na polni moči 3 minute. Primešamo še preostale sestavine. Pokrijte s filmom za živila (plastično folijo) in ga dvakrat zarežite, da lahko para uhaja. Kuhajte na polni moči 5 minut, posodo trikrat obrnite. Pustite stati 5 minut, preden postrežete z rižem ali rezanci.

Piščanec z omako Golden Dragon

Služi 4

4 veliki mesnati piščančji sklepi, 225 g/8 oz vsak, brez kože
Navadna (univerzalna) moka
1 majhna čebula, sesekljana
2 stroka česna, zdrobljena
30 ml/2 žlici sojine omake
30 ml/2 žlici srednje suhega sherryja
30 ml/2 žlici arašidovega (arašidovega) olja
60 ml/4 žlice limoninega soka
60 ml/4 žlice lahkega mehkega rjavega sladkorja
45 ml/3 žlice stopljene in presejane (precejene) marelične marmelade (konzervirajte)
5 ml/1 čajna žlička mletega koriandra (cilantra)
3–4 kapljice omake s pekočo papriko
Solata iz fižolovih kalčkov in kitajski rezanci za postrežbo

Debele dele piščančjih sklepov na več mestih zarežemo z ostrim nožem, potresemo z moko in jih razporedimo v globok krožnik premera 25 cm/10 cm. Preostale sestavine temeljito premešajte. Prelijemo čez piščanca. Posodo narahlo pokrijemo s kuhinjskim papirjem in pustimo marinirati v hladilniku 4–5 ur, pri čemer spoje dvakrat obrnemo. Zarezane stranice razporedite na vrh, nato posodo pokrijte s filmom za živila (plastično folijo) in jo dvakrat zarežite, da lahko para uhaja. Kuhajte na polni moči 22 minut in posodo štirikrat obrnite. Postrezite na posteljici iz rezancev in prelijte s sokom iz jedi.

Ingverjeva piščančja krila s solato

Služi za 4–5

1 velika solata cos (romaine), narezana
2,5 cm/1 kos korenine ingverja, narezan na tanke rezine
2 stroka česna, zdrobljena
15 ml/1 žlica arašidovega (arašidovega) olja
300 ml/½ pt/1¼ skodelice vrele piščančje juhe
30 ml/2 žlici koruzne moke (koruznega škroba)
2,5 ml/½ čajne žličke petih začimb v prahu
60 ml/4 žlice hladne vode
5 ml/1 žlička sojine omake
5 ml/1 žlička soli
1 kg/2¼ lb piščančjih peruti
Kuhan riž ali kitajski rezanci za postrežbo

Solato, ingver, česen in olje dajte v precej velik pekač (nizozemska pečica). Pokrijte s krožnikom in kuhajte na polni moči 5 minut. Odkrijemo in dodamo vrelo osnovo. Koruzno moko in pet začimb v prahu gladko zmešajte s hladno vodo. Vmešajte sojino omako in sol. Vmešajte v mešanico zelene solate s piščančjimi peruti in nežno premešajte, dokler se popolnoma ne premeša. Pokrijte s filmom za živila (plastično folijo) in ga dvakrat zarežite, da lahko para uhaja.

Kuhajte na polni moči 20 minut in posodo štirikrat obrnite. Pustite stati 5 minut, preden postrežete z rižem ali rezanci.

Bangkok kokosov piščanec

Služi 4

Pristen izdelek, ki ga je v moji kuhinji naredil mladi tajski prijatelj.

4 piščančje prsi z delnimi kostmi, vsaka po 175 g/6 oz
200 ml/7 fl oz/manjka 1 skodelica kokosove smetane
Sok 1 limete
30 ml/2 žlici hladne vode
2 stroka česna, zdrobljena
5 ml/1 žlička soli
1 po dolžini prepolovljeno steblo limonske trave ali 6 listov melise
2–6 zelenih čilijev ali 1,5–2,5 ml/¼–½ žličke posušenega rdečega čilija v prahu
4–5 svežih listov limete
20 ml/4 žličke sesekljanega koriandra (cilantra)
175 g/6 oz/¾ skodelice dolgozrnatega riža, kuhanega

Piščanca razporedite po robu globokega krožnika s premerom 20 cm/8, tako da v sredini pustite vdolbino. Pokrijte s filmom za živila (plastično folijo) in ga dvakrat zarežite, da lahko para uhaja. Kuhajte na polni moči 6 minut, posodo dvakrat obrnite. Zmešajte kokosovo smetano, limetin sok in vodo, nato vmešajte česen in sol ter prelijte čez piščanca. Nanje potresemo liste limonske trave ali melise, čilije po okusu in liste limete. Pokrijte kot prej in kuhajte na polni moči 8 minut, posodo trikrat obrnite. Pustite stati 5 minut. Odkrijte in vmešajte koriander, nato postrezite z rižem.

Piščanec Satay

Za 8 kot predjed, za 4 kot glavno jed

Za marinado:
30 ml/2 žlici arašidovega (arašidovega) olja
30 ml/2 žlici sojine omake
1 strok česna, zdrobljen
900 g/2 lb piščančjih prsi brez kosti, narezanih na kocke

Za satay omako:
10 ml/2 žlički arašidovega olja
1 čebula, sesekljana
2 zelena čilija, vsak približno 8 cm/3 v dolžino, brez semen in drobno narezana
2 stroka česna, zdrobljena
150 ml/¼ pt/2/3 skodelice vrele vode
60 ml/4 žlice hrustljavega arašidovega masla
10 ml/2 žlički vinskega kisa
2,5 ml/½ žličke soli
175 g/6 oz/¾ skodelice dolgozrnatega riža, kuhanega (neobvezno)

Za pripravo marinade zmešajte olje, sojino omako in česen v skledi za mešanje ter dodajte piščanca in dobro premešajte, da se dobro prekrije. Pokrijte in ohladite pozimi 4 ure, poleti 8 ur.

Omako naredite tako, da v srednje veliko posodo ali skledo vlijete olje in dodate čebulo, čili in česen. Preden končamo omako, na osem naoljenih nabodal nanizamo piščančje kocke. Razporedite po štiri naenkrat na velik krožnik kot napere kolesa. Kuhajte brez pokrova na polni moči 5 minut in enkrat obrnite. Ponovite s preostalimi štirimi nabodali. Ohranite vroče. Za dokončanje omake pokrijte skledo s filmom za živila (plastično folijo) in jo dvakrat zarežite, da lahko para uhaja. Kuhajte na polni moči 2 minuti. Vmešajte vrelo vodo, arašidovo maslo, kis in sol. Kuhajte brez pokrova 3 minute in enkrat premešajte. Pustite stati 30 sekund in postrezite z rižem, če ste glavna jed.

Piščanec z arašidi

Služi 4

4 piščančje prsi brez kosti, vsaka po 175 g/6 oz
125 g/4 oz/½ skodelice gladkega arašidovega masla
2,5 ml/½ žličke mletega ingverja
2,5 ml/½ žličke česnove soli
10 ml/2 žlički blagega karija
Kitajska hoisin omaka
Kuhani kitajski rezanci, za postrežbo

Piščanca razporedite po robu globokega krožnika s premerom 23 cm/9, tako da v sredini pustite vdolbino. Arašidovo maslo, ingver, česnovo sol in curry v prahu dajte v majhno posodo in segrevajte nepokrito na polni moči 1 minuto. Enakomerno porazdelite po piščancu, nato rahlo premažite s hoisin omako. Pokrijte s filmom za živila (plastično folijo) in ga dvakrat zarežite, da lahko para uhaja. Kuhajte na polni moči 16 minut in posodo štirikrat obrnite. Pustite stati 5 minut, preden postrežete s kitajskimi rezanci.

Indijski piščanec z jogurtom

Služi 4

Curry brez težav, ki se hitro sestavi. Vsebuje malo maščob, zato je priporočljivo za vitkejše, morda s prilogo iz cvetače in rezino ali dvema kruha s semeni.

750 g/1½ lb piščančjih beder brez kože
150 ml/¼ pt/2/3 skodelice navadnega jogurta
15 ml/1 žlica mleka
5 ml/1 čajna žlička garam masale
1,5 ml/¼ žličke kurkume
5 ml/1 žlička mletega ingverja
5 ml/1 čajna žlička mletega koriandra (cilantra)
5 ml/1 žlička mlete kumine
15 ml/1 žlica koruznega ali sončničnega olja
45 ml/3 žlice vroče vode
60 ml/4 žlice grobo sesekljanega koriandra za okras

Piščanca položite v globoko posodo s premerom 30 cm/12. Zmešajte vse preostale sestavine in z žlico prelijte piščanca. Pokrijte in marinirajte v hladilniku 6–8 ur. Pokrijte s krožnikom in segrevajte na polni moči 5 minut. Piščanca premešajte. Posodo pokrijemo s filmom za živila (plastično folijo) in jo dvakrat zarežemo, da lahko para uhaja. Kuhajte na polni moči 15 minut in posodo štirikrat obrnite. Pustite stati 5 minut. Pred serviranjem odkrijte in potresite s sesekljanim koriandrom.

Japonski piščanec z jajci

Služi 4

100 ml/3½ fl oz/6½ žlice vroče piščančje ali goveje juhe
60 ml/4 žlice srednje suhega sherryja
30 ml/2 žlici teriyaki omake
15 ml/1 žlica lahkega mehkega rjavega sladkorja
250 g/9 oz/1¼ skodelice kuhanega piščanca, narezanega na trakove
4 velika jajca, pretepena
175 g/6 oz/¾ skodelice dolgozrnatega riža, kuhanega

V plitev posodo s premerom 18 cm/7 prelijemo osnovo, sherry in teriyaki omako. Vmešajte sladkor. Pokrijte s filmom za živila (plastično folijo) in ga dvakrat zarežite, da lahko para uhaja. Kuhajte na polni moči 5 minut. Odkrijte in premešajte. Zmešajte piščanca in po vrhu prelijte jajca. Kuhajte brez pokrova na polni moči 6 minut in posodo trikrat obrnite. Za serviranje z žlicami stresite riž v štiri segrete sklede in prelijte z mešanico piščanca in jajc.

Portugalska piščančja enolončnica

Služi 4

25 g/1 oz/2 žlici masla ali margarine ali 25 ml/1½ žlice oljčnega olja
2 čebuli, narezani na četrtine
2 stroka česna, zdrobljena
4 piščančji komadi, skupaj 900 g/2 lb
125 g/4 oz/1 skodelica kuhanega gamona, narezanega na majhne kocke
3 paradižnike, blanširane, olupljene in narezane
150 ml/¼ pt/2/3 skodelice suhega belega vina
10 ml/2 žlički francoske gorčice
7,5–10 ml/1½–2 žlički soli

Maslo, margarino ali olje dajte v pekač premera 20 cm/8 premera (nizozemska pečica). Segrevajte nepokrito na polni moči 1 minuto. Primešamo čebulo in česen. Kuhajte brez pokrova na polni moči 3 minute. Dodajte piščanca. Pokrijte s filmom za živila (plastično folijo) in ga dvakrat zarežite, da lahko para uhaja. Kuhajte na polni moči 14 minut, posodo dvakrat obrnite. Zmešajte preostale sestavine. Pokrijte kot prej in kuhajte pri polni moči 6 minut. Pred serviranjem pustite stati 5 minut.

Pikantna enolončnica s piščancem v angleškem slogu

Služi 4

Pripravite kot portugalsko piščančjo enolončnico, le da vino nadomestite s srednje suhim jabolčnikom in ostalim sestavinam dodate 5 na četrtine narezane vložene orehe. Pustite dodatno 1 minuto kuhanja.

Kompromis Tandoori piščanec

Za 8 kot predjed, za 4 kot glavno jed

Indijska jed, ki se tradicionalno pripravlja v glineni pečici ali tandoorju, vendar je ta različica v mikrovalovni pečici povsem sprejemljiva.

8 kosov piščanca, skupaj približno 1,25 kg/2¾ lb
250 ml/8 fl oz/1 skodelica gostega grškega navadnega jogurta
30 ml/2 žlici mešanice začimb tandoori
10 ml/2 žlički mletega koriandra (cilantra)

5 ml/1 žlička paprike
5 ml/1 žlička kurkume
30 ml/2 žlici limoninega soka
2 stroka česna, zdrobljena
7,5 ml/1½ žličke soli
Indijski kruh in mešana solata za postrežbo

Mesnate dele piščanca na več mestih zarežemo. Jogurt rahlo stepemo z vsemi preostalimi sestavinami. Piščanca razporedite v globok krožnik s premerom 25 cm/10 in ga premažite z mešanico tandoori. Rahlo pokrijte s kuhinjskim papirjem in marinirajte 6 ur v hladilniku. Obrnite, prelijte z marinado in ohladite še 3–4 ure, pokrito kot prej. Pokrijte s filmom za živila (plastično folijo) in ga dvakrat zarežite, da lahko para uhaja. Kuhajte na polni moči 20 minut in posodo štirikrat obrnite. Posodo odkrijemo in piščanca obrnemo. Ponovno pokrijte s filmom za živila in kuhajte na polni nadaljnjih 7 minut. Pred serviranjem pustite stati 5 minut.

Brokoli s sirom Supreme

Služi za 4–6

450 g/1 lb brokolija
60 ml / 4 žlice vode
5 ml/1 žlička soli
150 ml/¼ pt/2/3 skodelice kisle (mlečne kisle) smetane
125 g/4 oz/1 skodelica sira Cheddar ali Jarlsberg, nariban
1 jajce
5 ml/1 čajna žlička blage pripravljene gorčice
2,5 ml/½ žličke paprike
1,5 ml/¼ žličke naribanega muškatnega oreščka

Brokoli operemo, razdelimo na majhne cvetke in damo v globoko posodo premera 20 cm/8 z vodo in soljo. Pokrijte s filmom za živila (plastično folijo) in ga dvakrat zarežite, da lahko para uhaja. Kuhajte na polni moči 12 minut. Temeljito odcedite. Preostale sestavine stepemo in z žlico prelijemo brokoli. Pokrijte s krožnikom in kuhajte na polni moči 3 minute. Pustite stati 2 minuti.

Guvetch

Služi za 6–8

Živahno obarvana in okusna bolgarska sorta ratatouille. Postrežemo samostojno z rižem, testeninami ali polento ali kot prilogo k jajčnim, mesnim in perutninskim jedem.

450 g/1 lb francoskega ali kenijskega (stročjega) fižola, z vrhom in z repom
4 čebule, zelo tanko narezane
3 stroki česna, strti
60 ml/4 žlice oljčnega olja
6 (paprik) mešanih barv, očiščenih in narezanih na trakove
6 paradižnikov, blanširanih, olupljenih in narezanih
1 zelen čili, brez semen in drobno narezan (neobvezno)
10–15 ml/2–3 žličke soli
15 ml/1 žlica sladkorja (super finega).

Vsak fižol razrežemo na tri dele. Čebulo in česen dajte v posodo s prostornino 2,5 l/4½ pt/11 skodelic z oljem. Dobro premešamo, da se zmeša. Kuhajte brez pokrova na polni moči 4 minute. Temeljito premešajte vse preostale sestavine, vključno s fižolom. Pokrijte s krožnikom in kuhajte na polni moči 20 minut ter trikrat premešajte. Odkrijte in kuhajte na polni nadaljnjih 8–10 minut, štirikrat premešajte, dokler večina tekočine ne izhlapi. Postrezite takoj ali ohladite, pokrijte in ohladite, če boste jedli pozneje.

Sir iz zelene s slanino

Služi 4

6 rezin (rezin) progaste slanine
350 g/12 oz zelene, narezane na kocke
30 ml/2 žlici vrele vode
30 ml/2 žlici masla ali margarine
30 ml/2 žlici navadne (univerzalne) moke
300 ml/½ pt/1¼ skodelice toplega polnomastnega mleka
5 ml/1 čajna žlička angleške gorčice
225 g/8 oz/2 skodelici sira čedar, nariban
Sol in sveže mlet črni poper
paprika
Ocvrt (dušen) kruh, za postrežbo

Slanino damo na krožnik in pokrijemo s kuhinjskim papirjem. Kuhajte na polni moči 4–4 minute in pol, pri čemer krožnik enkrat obrnite. Odcedite maščobo, nato pa slanino grobo nasekljajte. Zeleno dajte v ločeno posodo z vrelo vodo. Pokrijemo s krožnikom in kuhamo na Polni 10 minut, posodo dvakrat obrnemo. Odcedite in prihranite tekočino. Maslo dajte v posodo za 1,5 litra/2½ pt/6 skodelic. Stopite, odkrito, na odmrzovanju 1–1½ minute. Vmešajte moko in kuhajte na polni moči 1 minuto. Postopoma vmešajte mleko. Kuhajte brez pokrova na polni moči 4–5 minut, dokler se gladko ne zgosti, in vsako minuto mešajte. Zmešajte vodo zelene, zeleno, slanino, gorčico in dve tretjini sira. Začinimo po okusu. Zmes preložimo v čisto posodo. Po vrhu potresemo preostali sir in potresemo s papriko. Ponovno segrevajte, nepokrito, na polni moči 2 minuti. Postrežemo z ocvrtimi kruhki.

Artičok sir s slanino

Služi 4

Pripravite kot sir iz zelene s slanino, le da zeleno izpustite. 350 g/12 oz topinamburja dajte v skledo s 15 ml/1 žlica limoninega soka in 90 ml/6 žlic vrele vode. Pokrijte s filmom za živila (plastično folijo) in ga dvakrat zarežite, da lahko para uhaja. Kuhajte na polni moči 12–14 minut, dokler se ne zmehča. Odcedite in prihranite 45 ml/3 žlice vode. Dodajte artičoke in vodo v omako z gorčico, slanino in sirom.

Karelijski krompir

Služi 4

Recept iz vzhodne Finske za spomladanski krompir.

450 g/1 lb mladega krompirja, opranega, a neolupljenega
30 ml/2 žlici vrele vode
125 g/4 oz/½ skodelice masla, na kuhinjski temperaturi
2 trdo kuhani (trdo kuhani) jajci, sesekljani

Krompir dajte v posodo s prostornino 900 ml/1½ pt/3¾ skodelice z vrelo vodo. Pokrijte s krožnikom in kuhajte na polni moči 11 minut, dvakrat premešajte. Medtem stepemo maslo v gladko kremo in vmešamo jajca. Krompir odcedimo in vmešamo jajčno zmes, ko je krompir še zelo vroč. Postrezite takoj.

Nizozemska enolončnica iz krompirja in gavde s paradižniki

Služi 4

Nasitna in grelna vegetarijanska enolončnica, ki jo lahko postrežete s kuhano zeleno zelenjavo ali hrustljavo solato.

750 g/1½ lb kuhanega krompirja, debelo narezanega
3 veliki paradižniki, blanširani, olupljeni in na tanke rezine narezani
1 velika rdeča čebula, grobo naribana
30 ml/2 žlici drobno sesekljanega peteršilja
175 g/6 oz/1½ skodelice sira gauda, nariban
Sol in sveže mlet črni poper
30 ml/2 žlici koruzne moke (koruznega škroba)
30 ml/2 žlici hladnega mleka
150 ml/¼ pt/2/3 skodelice vroče vode ali zelenjavne osnove
paprika

Z maslom namazan 1,5 l/2½ pt/6 skodelice napolnite z izmeničnimi plastmi krompirja, paradižnika, čebule, peteršilja in dveh tretjin sira, med plastmi pa posujte sol in poper. Koruzno moko gladko zmešamo s hladnim mlekom, nato postopoma dodajamo vrelo vodo ali osnovo. Prelijte ob strani posode. Po vrhu potresemo preostali sir in potresemo s papriko. Pokrijte s kuhinjskim papirjem in segrevajte na polni moči 12–15 minut. Pred serviranjem pustite stati 5 minut.

Na maslu namazan in napihnjen sladki krompir s smetano

Služi 4

450 g/1 lb sladkega krompirja z rožnato kožo in rumenim mesom (ne jama), olupljenega in narezanega na kocke
60 ml/4 žlice vrele vode
45 ml/3 žlice masla ali margarine
60 ml/4 žlice stepene smetane, ogrete
Sol in sveže mlet črni poper

Krompir dajte v posodo s prostornino 1,25 l/2¼ pt/5½ skodelice. Dodajte vodo. Pokrijte s filmom za živila (plastično folijo) in ga dvakrat zarežite, da lahko para uhaja. Kuhajte na polni moči 10 minut in posodo trikrat obrnite. Pustite stati 3 minute. Odcedimo in drobno pretlačimo. Temeljito stepite maslo in smetano. Po okusu dobro začinimo. Prenesite v servirni krožnik, pokrijte s krožnikom in ponovno segrevajte pri polni moči 1½ –2 minuti.

Maître d'Hôtel Sladki krompir

Služi 4

450 g/1 lb sladkega krompirja z rožnato kožo in rumenim mesom (ne jama), olupljenega in narezanega na kocke
60 ml/4 žlice vrele vode
45 ml/3 žlice masla ali margarine
45 ml/3 žlice sesekljanega peteršilja

Krompir dajte v posodo s prostornino 1,25 l/2¼ pt/5½ skodelice. Dodajte vodo. Pokrijte s filmom za živila (plastično folijo) in ga dvakrat zarežite, da lahko para uhaja. Kuhajte na polni moči 10 minut in posodo trikrat obrnite. Pustite stati 3 minute, nato odcedite. Dodajte maslo in premešajte, da prekrijete krompir, nato pa potresite s peteršiljem.

Kremni krompir

Služi za 4–6

Krompir, kuhan v mikrovalovni pečici, ohrani okus in barvo ter ima odlično teksturo. Njihove hranilne snovi se ohranijo, ker je količina vode, porabljene za kuhanje, minimalna. Prihrani gorivo in ni ponve za pomivanje – krompir lahko celo skuhate v lastnem servirnem krožniku. Krompir olupimo čim tanjše, da ohrani vitamine.

900 g/2 lb olupljenega krompirja, narezanega na koščke
90 ml/6 žlic vrele vode
30–60 ml/2–4 žlice masla ali margarine
90 ml/6 žlic toplega mleka
Sol in sveže mlet črni poper

Krompirjeve kose dajte v 1,75 l/3 pt/7½ skodelico z vodo. Pokrijte s filmom za živila (plastično folijo) in ga dvakrat zarežite, da lahko para uhaja. Kuhajte na polni moči 15–16 minut, posodo štirikrat obrnite, dokler se ne zmehča. Po potrebi odcedimo, nato pa drobno pretlačimo, pri čemer izmenično stepamo maslo ali margarino in mleko. Sezona. Ko je rahla in puhasta, jo prepražite z vilicami in ponovno segrevajte nepokrito na polni moči 2–2 minuti in pol.

Kremni krompir s peteršiljem

Služi za 4–6

Pripravite kot krompirjevo kremo, vendar vmešajte 45–60 ml/3–4 žlice sesekljanega peteršilja z začimbami. Ponovno segrevajte dodatnih 30 sekund.

Kremni krompir s sirom

Služi za 4–6

Pripravite ga kot kremni krompir, vendar vmešajte 125 g/4 oz/1 skodelico naribanega trdega sira z začimbami. Ponovno segrevajte še 1½ minute.

Madžarski krompir s papriko

Služi 4

50 g/2 oz/¼ skodelice margarine ali masti
1 velika čebula, drobno sesekljana
750 g/1½ lb krompirja, narezanega na majhne koščke
45 ml/3 žlice posušenih poprovih kosmičev
10 ml/2 žlički paprike
5 ml/1 žlička soli
300 ml/½ pt/1¼ skodelice vrele vode
60 ml/4 žlice kisle (mlečne kisle) smetane

Margarino ali mast dajte v posodo s prostornino 1,75 l/3 pt/7½ skodelice. Odkrito segrevajte na polni moči 2 minuti, dokler ne zacvrči. Dodajte čebulo. Kuhajte brez pokrova na polni moči 2 minuti. Vmešajte krompir, papriko, papriko, sol in vrelo vodo. Pokrijte s filmom za živila (plastično folijo) in ga dvakrat zarežite, da lahko para uhaja. Kuhajte na polni moči 20 minut in posodo štirikrat obrnite. Pustite stati 5 minut. Po žlicah naložimo na ogrete krožnike in vsakega prelijemo s 15 ml/1 žlico kisle smetane.

Krompir Dauphine

Služi 6

Gratin dauphinoise – eden izmed francoskih velikanov in doživetje, ki ga je vredno uživati. Postrezite z listnato solato ali pečenim paradižnikom ali kot prilogo k mesu, perutnini, ribam in jajcem.

900 g/2 lb voskastega krompirja, zelo tanko narezanega
1–2 stroka česna, strta
75 ml/5 žlic stopljenega masla ali margarine
175 g/6 oz/1½ skodelice sira Emmental ali Gruyère (švicarski)
Sol in sveže mlet črni poper
300 ml/½ pt/1¼ skodelice polnomastnega mleka
paprika

Če želite krompir zmehčati, ga položite v veliko skledo in prelijte z vrelo vodo. Pustite 10 minut, nato odcedite. Česen zmešajte z maslom ali margarino. Globok pekač s premerom 25 cm/10 premažite z maslom. Začnite in končajte s krompirjem, posodo napolnite z izmeničnimi plastmi krompirjevih rezin, dvema tretjinama sira in dvema tretjinama maslene mešanice, med plastmi pa posujte sol in poper. Mleko previdno zlijemo po boku posode, nato pa potresemo po preostalem siru in česnovem maslu. Potresemo s papriko. Pokrijte s filmom za živila (plastično folijo) in ga dvakrat zarežite, da lahko para uhaja. Kuhajte na polni moči 20 minut in posodo štirikrat obrnite. Krompir mora biti rahlo al dente, kot testenine, če pa želite, da je mehkejši, ga kuhajte na Polni še dodatnih 3–5 minut. Pustite stati 5 minut, nato odkrijte in postrezite.

Savojski krompir

Služi 6

Pripravite kot krompir Dauphine, le da mleko nadomestite z osnovo ali polovico belega vina in polovico jušne osnove.

Château krompir

Služi 6

Pripravite kot krompir Dauphine, vendar mleko nadomestite z jabolčnikom.

Krompir z omako iz mandljevega masla

Služi za 4–5

450 g/1 lb mladega krompirja, neolupljenega in očiščenega
30 ml/2 žlici vode
75 g/3 oz/1/3 skodelice nesoljenega (sladkega) masla
75 g/3 oz/¾ skodelice narezanih mandljev, opečenih in zdrobljenih
15 ml/1 žlica svežega limetinega soka

Krompir postavite v posodo s prostornino 1,5 litra/2½ pt/6 skodelic z vodo. Pokrijte s filmom za živila (plastično folijo) in ga dvakrat zarežite, da lahko para uhaja. Kuhajte na polni moči 11–12 minut, dokler se ne zmehča. Pustite stati med pripravo omake. Maslo dajte v merilni vrč in ga brez pokrova stopite 2–2 minuti in pol na odmrzovanju. Primešamo še preostale sestavine. Pretresemo z odcejenim krompirjem in postrežemo.

Gorčica in limetin paradižnik

Služi 4

Zaradi sveže pikantnosti je paradižnik privlačen kot priloga k jagnjetini in perutnini, pa tudi k lososu in skuši.

4 veliki paradižniki, vodoravno prepolovljeni
Sol in sveže mlet črni poper
5 ml/1 žlička drobno naribane limetine lupinice
30 ml/2 žlici polnozrnate gorčice
Sok 1 limete

Paradižnik postavite v krog, s prerezano stranjo navzgor, okrog roba velikega krožnika. Potresemo s soljo in poprom. Preostale sestavine temeljito premešamo in razporedimo po paradižnikih. Kuhajte brez pokrova na polni moči 6 minut in krožnik trikrat obrnite. Pustite stati 1 minuto.

Dušena kumara

Služi 4

1 kumara, olupljena
30 ml/2 žlici masla ali margarine, na kuhinjski temperaturi
2,5–5 ml/½–1 čajne žličke soli
30 ml/2 žlici drobno sesekljanih listov peteršilja ali koriandra
(cilantra)

Kumaro narežite na zelo tanke rezine, pustite stati 30 minut, nato ožemite v čisto kuhinjsko krpo (krpo za posodo). Maslo ali margarino dajte v posodo s prostornino 1,25 l/2¼ pt/5½ skodelice in jo 1–1¼ minute stopite brez pokrova pri odmrzovanju. Vmešajte kumaro in sol ter nežno premešajte, dokler ni dobro prekrita z maslom. Pokrijte s krožnikom in kuhajte na polni moči 6 minut, dvakrat premešajte. Odkrijte in vmešajte peteršilj ali koriander.

Dušena kumara s pernodom

Služi 4

Pripravite kot za dušeno kumaro, vendar kumari dodajte 15 ml/1 žlico Pernoda.

Marrow Espagnole

Služi 4

Poletna priloga k perutnini in ribam.

15 ml/1 žlica oljčnega olja
1 velika čebula, olupljena in narezana
3 velike paradižnike, blanširane, olupljene in narezane
450 g/1 lb kostnega mozga (buče), olupljenega in narezanega na kocke
15 ml/1 žlica sesekljanega majarona ali origana
5 ml/1 žlička soli
Sveže mleti črni poper

V nepokriti posodi s prostornino 1,75 l/3 pt/7½ skodelice segrevajte olje pri polni moči 1 minuto. Primešamo čebulo in paradižnik. Pokrijte s krožnikom in kuhajte na polni moči 3 minute. Zmešajte vse preostale sestavine, po okusu dodajte poper. Pokrijte s krožnikom in kuhajte na polni moči 8–9 minut, dokler se kostni mozeg ne zmehča. Pustite stati 3 minute.

Gratin iz bučk in paradižnika

Služi 4

3 paradižnike, blanširane, olupljene in grobo narezane
4 bučke (bučke), obložene, z repki in na tanke rezine
1 čebula, sesekljana
15 ml/1 žlica sladnega ali riževega kisa
30 ml/2 žlici sesekljanega ploščatega peteršilja
1 strok česna, zdrobljen
Sol in sveže mlet črni poper
75 ml/5 žlic sira čedar ali ementalec, nariban

Paradižnik, bučke, čebulo, kis, peteršilj in česen damo v globoko posodo premera 20 cm/8. Začinimo po okusu in dobro premešamo. Pokrijte s filmom za živila (plastično folijo) in ga dvakrat zarežite, da lahko para uhaja. Kuhajte na polni moči 15 minut, posodo trikrat obrnite. Odkrijte in potresite s sirom. Bodisi običajno zapecite pod žarom (brojlerji) ali pa se, da prihranite čas, vrnite v mikrovalovno pečico in segrevajte na polni moči 1–2 minuti, dokler sir ne začne mehurčiti in se stopi.

Bučke z brinovimi jagodami

Služi za 4–5

8 brinovih jagod
30 ml/2 žlici masla ali margarine
450 g/1 lb bučk (bučk), narezanih na vrh, z repi in na tanke rezine
2,5 ml/½ žličke soli
30 ml/2 žlici drobno sesekljanega peteršilja

Brinove jagode rahlo zmečkajte s hrbtno stranjo lesene žlice. Maslo ali margarino damo v globoko posodo s premerom 20 cm/8. Stopite, odkrito, na odmrzovanju 1–1½ minute. Zmešamo brinove jagode, bučke in sol ter razporedimo v enakomerni plasti, da prekrije dno jedi. Pokrijte s filmom za živila (plastično folijo) in ga dvakrat zarežite, da lahko para uhaja. Kuhajte na polni moči 10 minut in posodo štirikrat obrnite. Pustite stati 2 minuti. Odkrijemo in potresemo s peteršiljem.

Kitajski listi na maslu s Pernodom

Služi 4

Po teksturi in okusu križanec med belim zeljem in čvrsto solato, kitajski listi so zelo predstavljiva kuhana zelenjava in so močno izboljšani z dodatkom Pernoda, ki doda nežen in subtilen pridih janeža.

675 g/1½ lb kitajski listi, zdrobljeni
50 g/2 oz/¼ skodelice masla ali margarine
15 ml/1 žlica Pernod
2,5–5 ml/½–1 čajne žličke soli

Narezane liste dajte v posodo s prostornino 2 litra/3½ pt/8½ skodelice. V ločeni posodi stopite maslo ali margarino na odmrzovanju 2 minuti. Dodajte k zelju s Pernodom in soljo ter nežno premešajte. Pokrijte s krožnikom in kuhajte na polni moči 12 minut, dvakrat premešajte. Pred serviranjem pustite stati 5 minut.

Fižolovi kalčki na kitajski način

Služi 4

450 g/1 lb svežih fižolovih kalčkov
10 ml/2 žlički temne sojine omake
5 ml/1 žlička Worcestershire omake
5 ml/1 žlička čebulne soli

Vse sestavine stresite skupaj v veliko skledo za mešanje. Prenesite v globok pekač s premerom 20 cm/8 premera (nizozemska pečica). Pokrijte s krožnikom in kuhajte na polni moči 5 minut. Pustite stati 2 minuti, nato premešajte in postrezite.

Korenje s pomarančo

Služi za 4–6

50 g/2 oz/¼ skodelice masla ali margarine
450 g/1 lb korenja, naribanega
1 čebula, naribana
15 ml/1 žlica svežega pomarančnega soka
5 ml/1 žlička drobno naribane pomarančne lupinice
5 ml/1 žlička soli

Maslo ali margarino damo v globoko posodo s premerom 20 cm/8. Stopite, nepokrito, na odmrzovanju 1½ minute. Primešajte vse preostale sestavine in dobro premešajte. Pokrijte s filmom za živila (plastično folijo) in ga dvakrat zarežite, da lahko para uhaja. Kuhajte na polni moči 15 minut, posodo dvakrat obrnite. Pred serviranjem pustite stati 2–3 minute.

Dušena cikorija

Služi 4

*Nenavadna zelenjavna priloga z rahlim okusom po špargljih.
Postrežemo k jajčnim in perutninskim jedem.*

*4 glavice radiča (belgijske endivije)
30 ml/2 žlici masla ali margarine
1 zelenjavna jušna kocka
15 ml/1 žlica vrele vode
2,5 ml/½ žličke čebulne soli
30 ml/2 žlici limoninega soka*

Cikorijo obrežite in zavrzite vse zmečkane ali poškodovane zunanje liste. Iz dna vsakega odstranite stožčasto sredico, da zmanjšate grenkobo. Cikorijo narežite na 1,5 cm/½ debele rezine in dajte v 1,25 l/2¼ pt/5½ skodelice enolončnico (nizozemska pečica). Maslo ali margarino ločeno raztopite na odmrzovanju 1½ minute. Prelijemo po radiču. V vrelo vodo nadrobite jušno kocko, nato dodajte sol in limonin sok. Z žlico prelijemo radič. Pokrijte s filmom za živila (plastično folijo) in ga dvakrat zarežite, da lahko para uhaja. Kuhajte na polni moči 9 minut in posodo trikrat obrnite. Pustite stati 1 minuto, preden jo postrežete s sokom iz jedi.

Dušeno korenje z limeto

Služi 4

Korenčkova jed intenzivne oranžne barve, namenjena mesnim enolončnicam in divjačini.

450 g/1 lb korenja, narezanega na tanke rezine
60 ml/4 žlice vrele vode
30 ml/2 žlici masla
1,5 ml/¼ žličke kurkume
5 ml/1 žlička drobno naribane limetine lupinice

Korenje položite v posodo s prostornino 1,25 l/2¼ pt/5½ skodelice z vrelo vodo. Pokrijte s filmom za živila (plastično folijo) in ga dvakrat zarežite, da lahko para uhaja. Kuhajte na polni moči 9 minut in posodo trikrat obrnite. Pustite stati 2 minuti. Odtok. Takoj stresite maslo, kurkumo in limetino lupino. Jejte takoj.

Koromač v šeriju

Služi 4

900 g/2 lb koromača
50 g/2 oz/¼ skodelice masla ali margarine
2,5 ml/½ žličke soli
7,5 ml/1½ žličke francoske gorčice
30 ml/2 žlici srednje suhega sherryja
2,5 ml/½ žličke posušenega ali 5 ml/1 žlička sesekljanega svežega pehtrana

Koromač operemo in osušimo. Zavrzite vsa rjava področja, pustite pa "prste" in zelene liste. Stopite maslo ali margarino, nepokrito, na odmrzovanju 1½ –2 minuti. Previdno stepite preostale sestavine. Vsako glavico koromača razpolovite na četrtine in položite v globoko posodo s premerom 25 cm/10 cm. Premažemo z masleno mešanico. Pokrijemo s krožnikom in kuhamo na polni moči 20 minut, posodo štirikrat obrnemo. Pred serviranjem pustite stati 7 minut.

V vinu dušen por s šunko

Služi 4

5 ozkih por, skupaj približno 450 g/1 lb
30 ml/2 žlici masla ali margarine, na kuhinjski temperaturi
225 g/8 oz/2 skodelici kuhane šunke, sesekljane
60 ml/4 žlice rdečega vina
Sol in sveže mlet črni poper

Poru odrežite konice viskija, nato pa vsakemu odrežite le 10 cm/4 in zelenega 'krila'. Por skoraj do vrha previdno po dolžini razpolovimo. Med listi temeljito operemo pod hladno tekočo vodo, da odstranimo morebitno zemljo ali pesek. Maslo ali margarino dajte v pekač velikosti 25 x 20 cm/10 x 8 cm. Talite pri odmrzovanju 1–1½ minute, nato s čopičem premažite dno in stranice. Por razporedimo v enem sloju po podlagi. Potresemo s šunko in vinom ter začinimo. Pokrijte s filmom za živila (plastično folijo) in ga dvakrat zarežite, da lahko para uhaja. Kuhajte na polni moči 15 minut, posodo dvakrat obrnite. Pustite stati 5 minut.

Pečen por

Služi 4

5 ozkih por, skupaj približno 450 g/1 lb
30 ml/2 žlici masla ali margarine
60 ml/4 žlice zelenjavne osnove
Sol in sveže mlet črni poper

Poru odrežite konice viskija, nato pa vsakemu odrežite le 10 cm/4 in zelenega 'krila'. Por skoraj do vrha previdno po dolžini razpolovimo. Med listi temeljito operemo pod hladno tekočo vodo, da odstranimo morebitno zemljo ali pesek. Narežemo na 1,5 cm/½ debele rezine. Postavite v 1,75 l/3 pt/7½ skodelico enolončnico (nizozemska pečica). V ločeni posodi raztopite maslo ali margarino na odmrzovanju 1½ minute. Prilijemo juho in po okusu dobro začinimo. Por po žlicah premešamo. Pokrijte s krožnikom in kuhajte na polni moči 10 minut, dvakrat premešajte.

Solirana zelena

Služi 4

Pripravite kot za enolončni por, vendar por nadomestite s 450 g oprane zelene. Po želji dodajte drobno sesekljano čebulo in kuhajte še 1½ minute.

Paprike polnjene z mesom

Služi 4

4 zelene (bolgarske) paprike
30 ml/2 žlici masla ali margarine
1 čebula, drobno sesekljana
225 g/8 oz/2 skodelici puste mlete (mlete) govedine
30 ml/2 žlici dolgozrnatega riža
5 ml/1 žlička posušene mešanice zelišč
5 ml/1 žlička soli
120 ml/4 fl oz/¼ skodelice vroče vode

Paprikam odrežemo vrhove in rezerviramo. Iz vsake paprike zavrzite notranja vlakna in semena. Od vsakega podstavka odrežite tanek kos, da bo stal pokonci, ne da bi se prevrnil. Maslo ali margarino dajte v posodo in segrevajte na polni moči 1 minuto. Dodajte čebulo. Kuhajte brez pokrova na polni moči 3 minute. Vmešajte meso in ga razdrobite z vilicami. Kuhajte brez pokrova na polni moči 3 minute. Primešajte riž, zelišča, sol in 60 ml/4 žlice vode. Mešanico z žlico stresamo v paprike. Pokončno in tesno skupaj razporedite v čisto globoko posodo. Ponovno pokrijte pokrove in preostalo vodo nalijte v posodo okoli paprik za omako. Pokrijte s filmom za živila (plastično folijo) in ga dvakrat zarežite, da lahko para uhaja. Kuhajte na polni moči 15 minut, posodo dvakrat obrnite. Pred serviranjem pustite stati 10 minut.

Mesno polnjene paprike s paradižnikom

Služi 4

Pripravite kot paprike z mesom, le da vodo nadomestite s paradižnikovim sokom, sladkanim z 10 ml/2 žlički finega sladkorja.

Puranje polnjene paprike z limono in timijanom

Služi 4

Pripravite kot paprike, polnjene z mesom, le da govedino nadomestite z mleto (zmleto) puranje meso, mešanico zelišč pa dodajte 2,5 ml/½ žličke timijana. Dodajte 5 ml/1 žličko drobno naribane limonine lupinice.

Kremne gobe na poljski način

Služi 6

Običajno na Poljskem in v Rusiji, kjer gobe zasedajo častno mesto na vsaki mizi. Jejte z mladim krompirjem in kuhanimi jajci.

30 ml/2 žlici masla ali margarine
450 g/1 lb gob
30 ml/2 žlici koruzne moke (koruznega škroba)
30 ml/2 žlici hladne vode
300 ml/½ pt/1¼ skodelice kisle (mlečne kisle) smetane
10 ml/2 žlički soli

Maslo ali margarino dajte v globoko posodo s prostornino 2,25 l/4 pt/10 skodelic. Stopite, nepokrito, na odmrzovanju 1½ minute. Zmešajte gobe. Pokrijte s krožnikom in kuhajte na polni moči 5 minut, dvakrat premešajte. Koruzno moko gladko zmešamo z vodo in vmešamo v smetano. Nežno vmešajte v gobe. Pokrijte kot prej in kuhajte na polni moči 7–8 minut, trikrat premešajte, dokler ni gosta in kremasta. Dodajte sol in takoj pojejte.

Paprika gobe

služi 6

Pripravite kot gobove kreme na poljski način, le da maslu ali margarini, preden stopite, dodajte 1 strok česna. Z gobami zmešajte 15 ml/1 žlico paradižnikove mezge (paste) in paprike. Postrezite z majhnimi testeninami.

Gobe s karijem

služi 6

Pripravite kot gobove kreme na poljski način, vendar maslu ali margarini, preden stopite, dodajte 15–30 ml/1–2 žlici blage curry paste in en strt strok česna. Smetano nadomestimo z gostim navadnim jogurtom in dodamo 10 ml/2 žlički sladkorja (superfinega) s soljo. Postrezite z rižem.

Lentil Dhal

Služi 6–7

Izrazito orientalski s koreninami v Indiji je ta Lentil Dhal prijetno aromatiziran z neštetimi začimbami in ga lahko postrežemo bodisi kot prilogo kariju ali samostojno z rižem kot hranljiv in popoln obrok.

50 g/2 oz/¼ skodelice gheeja, masla ali margarine
4 čebule, sesekljane
1–2 stroka česna, strta
225 g/8 oz/1 1/3 skodelice oranžne leče, temeljito oprane
5 ml/1 žlička kurkume
5 ml/1 žlička paprike
2,5 ml/½ žličke mletega ingverja
20 ml/4 žličke garam masale
1,5 ml/¼ žličke kajenskega popra
Semena iz 4 zelenih strokov kardamoma
15 ml/1 žlica paradižnikove mezge (pasta)
750 ml/1¼ točke/3 skodelice vrele vode
7,5 ml/1½ žličke soli
Sesekljani listi koriandra (cilantra) za okras

Ghee, maslo ali margarino dajte v 1,75 l/3 pt/7½ skodelico enolončnico (nizozemska pečica). Segrevajte nepokrito na polni moči

1 minuto. Zmešajte čebulo in česen. Pokrijte s krožnikom in kuhajte na polni moči 3 minute. Vmešajte vse preostale sestavine. Pokrijte s krožnikom in kuhajte na polni moči 15 minut, štirikrat premešajte. Pustite stati 3 minute. Če je za osebni okus pregosta, jo razredčite z malo vrele vode. Preden postrežete, okrašeno s koriandrom, napihnite z vilicami.

Dhal s čebulo in paradižniki

Služi 6–7

3 čebule
50 g/2 oz/¼ skodelice gheeja, masla ali margarine
1–2 stroka česna, strta
225 g/8 oz/1 1/3 skodelice oranžne leče, temeljito oprane
3 paradižnike, blanširane, olupljene in narezane
5 ml/1 žlička kurkume
5 ml/1 žlička paprike
2,5 ml/½ žličke mletega ingverja
20 ml/4 žličke garam masale
1,5 ml/¼ žličke kajenskega popra
Semena iz 4 zelenih strokov kardamoma
15 ml/1 žlica paradižnikove mezge (pasta)
750 ml/1¼ točke/3 skodelice vrele vode
7,5 ml/1½ žličke soli
1 velika čebula, narezana na tanke rezine
10 ml/2 žlički sončničnega ali koruznega olja

Na tanko narežite 1 čebulo, preostalo pa sesekljajte. Ghee, maslo ali margarino dajte v 1,75 l/3 pt/7½ skodelico enolončnico (nizozemska pečica). Segrevajte nepokrito na polni moči 1 minuto. Zmešajte sesekljano čebulo in česen. Pokrijte s krožnikom in kuhajte na polni moči 3 minute. Vmešajte vse preostale sestavine. Pokrijte s krožnikom in kuhajte na polni moči 15 minut, štirikrat premešajte. Pustite stati 3 minute. Če je za osebni okus pregosta, jo razredčite z malo vrele vode. Na kolobarje narezano čebulo ločimo in na olju konvencionalno prepražimo (podušimo), da zlato porumeni in hrustljavo zapeče. Pred serviranjem dhal razpihnite z vilicami, okrašen s čebulnimi obročki. (Druga možnost je, da izpustite narezano čebulo in namesto tega okrasite z že pripravljeno ocvrto čebulo, ki je na voljo v supermarketih.)

Zelenjavni Madras

Služi 4

25 g/1 oz/2 žlici gheeja ali 15 ml/1 žlica arašidovega (arašidovega) olja
1 čebula, olupljena in narezana
1 por, orezan in sesekljan
2 stroka česna, zdrobljena
15 ml/1 žlica vročega karija
5 ml/1 žlička mlete kumine
5 ml/1 čajna žlička garam masale
2,5 ml/½ žličke kurkume
Sok 1 majhne limone
150 ml/¼ pt/2/3 skodelice zelenjavne osnove
30 ml/2 žlici paradižnikove mezge (pasta)
30 ml/2 žlici praženih indijskih oreščkov
450 g mešane kuhane korenaste zelenjave, narezane na kocke
175 g/6 oz/¾ skodelice rjavega riža, kuhanega
Popadomi, postreči

Ghee ali olje dajte v posodo s prostornino 2,5 litra/4½ pt/11 skodelic. Segrevajte nepokrito na polni moči 1 minuto. Dodamo čebulo, por in česen ter dobro premešamo. Kuhajte brez pokrova na polni moči 3 minute. Dodajte kari, kumino, garam masalo, kurkumo in limonin sok. Kuhajte brez pokrova na polni moči 3 minute in dvakrat premešajte. Dodamo osnovo, paradižnikovo mezgo in indijske oreščke. Pokrijte z obrnjenim krožnikom in kuhajte na polni moči 5 minut. Vmešajte zelenjavo. Pokrijte kot prej in segrevajte pri polni moči 4 minute. Postrezite z rjavim rižem in popadomi.

Mešani zelenjavni curry

Služi 6

1,6 kg/3½ lb mešane zelenjave, kot je rdeča ali zelena (bolgarska) paprika; bučke (bučke); neolupljeni jajčevci (jajčevci); korenje; krompir; brstični ohrovt ali brokoli; čebula; por

30 ml/2 žlici arašidovega (arašidovega) ali koruznega olja

2 stroka česna, zdrobljena

60 ml/4 žlice paradižnikove mezge (pasta)

45 ml/3 žlice garam masale

30 ml/2 žlici blagega, srednje vročega ali vročega curryja

5 ml/1 čajna žlička mletega koriandra (cilantra)

5 ml/1 žlička mlete kumine

15 ml/1 žlica soli

1 velik lovorjev list

400 g/14 oz/1 velika pločevinka narezanih paradižnikov

15 ml/1 žlica sladkorja (super finega).

150 ml/¼ pt/2/3 skodelice vrele vode

250 g/9 oz/velikodušno 1 skodelica basmati ali dolgozrnatega riža, kuhanega

Gost navadni jogurt, za serviranje

Pripravite vso zelenjavo glede na vrsto. Narežite na majhne kocke ali po potrebi narežite. Postavite v 2,75 l/5 pt/12 skodelic globoko posodo. Zmešajte vse preostale sestavine razen vrele vode in riža. Pokrijte z velikim krožnikom in kuhajte na polni moči 25–30 minut, štirikrat premešajte, dokler zelenjava ni mehka, a še vedno čvrsta na ugriz. Odstranite lovorjev list, zmešajte z vodo in prilagodite začimbe po okusu – curry bo morda potreboval nekaj dodatne soli. Postrezite z rižem in skledo gostega navadnega jogurta.

Želeirana sredozemska solata

Služi 6

300 ml/½ pt/1¼ skodelice hladne zelenjavne osnove ali vode za kuhanje zelenjave
15 ml/1 žlica želatine v prahu
45 ml/3 žlice paradižnikovega soka
45 ml/3 žlice rdečega vina
1 zelena (bolgarska) paprika, očiščena in narezana na trakove
2 paradižnika, blanširana, olupljena in narezana
30 ml/2 žlici odcejenih kaper
50 g /2 oz/¼ skodelice sesekljanih kumaric (cornichons)
12 polnjenih oliv, narezanih
10 ml/2 žlički sardonove omake

V posodo nalijte 45 ml/3 žlice jušne osnove ali vode za kuhanje zelenjave. Vmešamo želatino. Pustite stati 5 minut, da se zmehča. Stopite, odkrito, na odmrzovanju 2–2 minuti in pol. Preostalo osnovo primešamo paradižnikovemu soku in vinu. Pokrijte, ko je hladen, nato pa ohladite, dokler se le ne začne gostiti in strjevati. Trakove paprike položite v skledo in prelijte z vrelo vodo. Pustite 5 minut, da se zmehča, nato odcedite. Paradižnik in papriko vmešajte v strjevalni žele z vsemi preostalimi sestavinami. Prenesite v 1,25 l/2¼ pt/5½ skodelice namočen model za žele ali posodo. Pokrijte in ohladite nekaj ur, dokler se ne strdi. Za serviranje potopite model ali posodo v skledo z vročo vodo in iz nje, da se zrahlja, nato pa z vročim mokrim nožem nežno potegnite po straneh. Pred serviranjem obrnite na namočen krožnik. (Močenje prepreči lepljenje želeja.)

Grška solata v želeju

Služi 6

Pripravimo kot želeirano mediteransko solato, le da izpustimo kapre in kumarice (cornichons). Dodajte 125 g/4 oz/1 skodelico drobno narezanega feta sira in 1 majhno sesekljano čebulo. Za polnjene zamenjajte črne olive brez koščic.

Ruska solata v želeju

Služi 6

Pripravite kot mediteransko solato v želeju, vendar paradižnikov sok in vino nadomestite z 90 ml/6 žlic majoneze, paradižnike in papriko pa z 225 g/8 oz/2 skodelici narezanega korenja in krompirja. Dodajte 30 ml/2 žlici kuhanega graha.

Kolerabina solata z gorčično majonezo

Služi 6

900 g/2 lb kolerabe
75 ml/5 žlic vrele vode
5 ml/1 žlička soli
10 ml/2 žlički limoninega soka
60–120 ml/4–6 žlic goste majoneze
10–20 ml/2–4 žličke polnozrnate gorčice
Narezane redkvice, za okras

Kolerabo na debelo olupimo, dobro operemo in vsako glavo narežemo na osem kosov. Damo jo v posodo s prostornino 1,25 l/3 pt/7½ skodelice z vodo, soljo in limoninim sokom. Pokrijte s filmom za živila (plastično folijo) in ga dvakrat zarežite, da lahko para uhaja. Kuhajte na polni moči 10–15 minut, posodo trikrat obrnite, dokler se ne zmehča. Odcedite in narežite na kocke ter dajte v skledo za mešanje. Zmešajte majonezo in gorčico ter v to mešanico stresite kolerabo, dokler niso koščki dobro obloženi. Prestavimo v servirni krožnik in okrasimo z rezinami redkvice.

Skodelice rdeče pese, zelene in jabolk

Služi 6

60 ml/4 žlice hladne vode
15 ml/1 žlica želatine v prahu
225 ml/8 fl oz/1 skodelica jabolčnega soka
30 ml/2 žlici malinovega kisa
5 ml/1 žlička soli
225 g kuhane (ne vložene) rdeče pese (rdeče pese), grobo naribane
1 jedilno (desertno) jabolko, olupljeno in grobo naribano
1 steblo zelene, narezano na tanke vžigalice
1 majhna čebula, sesekljana

V majhno skledo nalijte 45 ml/3 žlice hladne vode in vmešajte želatino. Pustite stati 5 minut, da se zmehča. Stopite, odkrito, na odmrzovanju 2–2 minuti in pol. Preostalo hladno vodo vmešamo z jabolčnim sokom, kisom in soljo. Pokrijte, ko je hladen, nato pa ohladite, dokler se le ne začne gostiti in strjevati. Dodajte rdečo peso, jabolko, zeleno in čebulo delno strjenemu želeju in nežno premešajte, dokler se ne premeša. Prenesite v šest majhnih navlaženih skodelic, nato pokrijte in ohladite, dokler se ne strdi in strdi. Obrnite na posamezne krožnike.

Mock Waldorf Cups

Služi 6

Pripravite kot skodelice rdeče pese, zelene in jabolk, le da zelenjavi in jabolku dodajte 30 ml/2 žlici sesekljanih orehov.

Solata iz zelene s česnom, majonezo in pistacijami

Služi 6

900 g/2 lb zelene (koren zelene)
300 ml/½ pt/1¼ skodelice hladne vode
15 ml/1 žlica limoninega soka
7,5 ml/1½ žličke soli
1 strok česna, zdrobljen
45 ml/3 žlice grobo sesekljanih pistacij
60–120 ml/4–8 žlic goste majoneze
Listi radiča in celi pistacijski orehi za okras

Zeleno debelo olupimo, dobro operemo in vsako glavico narežemo na osem kosov. Postavite v posodo s prostornino 2,25 litra/4 pt/10 skodelic z vodo, limoninim sokom in soljo. Pokrijte s filmom za živila (plastično folijo) in ga dvakrat zarežite, da lahko para uhaja. Kuhajte na polni moči 20 minut in posodo štirikrat obrnite. Odcedite in narežite ter dajte v posodo za mešanje. Dodamo česen in sesekljane pistacije.

Še tople prelijemo z majonezo, dokler niso koščki zelene popolnoma prevlečeni. Prestavite v servirni krožnik. Pred serviranjem okrasite z radičevimi listi in pistacijami, po možnosti še rahlo tople.

Kontinentalna solata iz zelene

Služi 4

Zaradi skupka finih in komplementarnih okusov je to primerna božična solata, ki se poda k hladnemu puranu in gamonu.

750 g/1½ lb zelene (koren zelene)
75 ml/5 žlic vrele vode
5 ml/1 žlička soli
10 ml/2 žlički limoninega soka
Za preliv:
30 ml/2 žlici koruznega ali sončničnega olja
15 ml/1 žlica sladnega ali jabolčnega kisa
15 ml/1 žlica pripravljene gorčice
2,5–5 ml/½–1 žličke kuminih semen
1,5 ml/¼ čajne žličke soli
5 ml/1 čajna žlička prahu (super finega) sladkorja
Sveže mleti črni poper

Zeleno debelo olupimo in narežemo na majhne kocke. Postavite v posodo s prostornino 1,75 l/3 pt/7½ skodelice. Dodajte vrelo vodo, sol in limonin sok. Pokrijte s filmom za živila (plastično folijo) in ga dvakrat zarežite, da lahko para uhaja. Kuhajte na polni moči 10–15 minut, posodo trikrat obrnite, dokler se ne zmehča. Odtok. Vse preostale sestavine temeljito premešajte. Dodamo v vročo zeleno in dobro premešamo. Pokrijte in pustite, da se ohladi. Postrezite pri sobni temperaturi.

Solata iz zelene s slanino

Služi 4

Pripravite kot kontinentalno solato iz zelene, vendar dodajte 4 rezine (rezine) slanine, hrustljavo pečene (pečene) in zdrobljene, hkrati s prelivom.

Artičokina solata s papriko in jajci v toplem prelivu

Služi 6

400 g/14 oz/1 velika pločevinka srčkov artičok, odcejenih
400 g/14 oz/1 velika pločevinka rdečega pimienta, odcejenega
10 ml/2 žlički rdečega vinskega kisa
60 ml/4 žlice limoninega soka
125 ml/4 fl oz/½ skodelice oljčnega olja
1 strok česna, zdrobljen
5 ml/1 čajna žlička kontinentalne gorčice
5 ml/1 žlička soli
5 ml/1 čajna žlička prahu (super finega) sladkorja
4 velika trdo kuhana (trdo kuhana) jajca, oluščena in naribana
225 g/8 oz/2 skodelici feta sira, narezanega na kocke

Artičoke razpolovite, pimientos pa narežite na trakove. Izmenično razporedite okrog velikega krožnika, v sredini pa pustite vdolbino. V manjšo posodo dajte kis, limonin sok, olje, česen, gorčico, sol in sladkor. Segrevajte nepokrito na polni moči 1 minuto in dvakrat stepajte. Jajca in sir naložite v kupček na sredino solate in nežno prelijte po toplem prelivu.

Nadev iz žajblja in čebule

Naredi 225–275 g/8–10 oz/1 1/3–1 2/3 skodelic

Za svinjino.

25 g/1 oz/2 žlici masla ali margarine
2 čebuli, predhodno kuhani (glej tabelo na strani 45), sesekljani
125 g/4 oz/2 skodelici belih ali rjavih drobtin
5 ml/1 žlička posušenega žajblja
Malo vode ali mleka
Sol in sveže mlet črni poper

Maslo ali margarino dajte v posodo s prostornino 1 litra/1¾ pt/4¼ skodelice. Segrevajte nepokrito na polni moči 1 minuto. Primešamo čebulo. Kuhajte brez pokrova na polni moči 3 minute in vsako minuto premešajte. Zmešajte drobtine in žajbelj ter toliko vode ali mleka, da se poveže v drobtinasto konsistenco. Začinimo po okusu. Uporabite, ko je hladen.

Nadev iz zelene in pesta

Naredi 225–275 g/8–10 oz/1 1/3–1 2/3 skodelic

Za ribe in perutnino.

Pripravite kot nadev iz žajblja in čebule, le čebulo nadomestite z 2 drobno nasekljanima stebloma zelene. Pred začimbami vmešajte 10 ml/2 žlički zelenega pesta.

Nadev iz pora in paradižnika

Naredi 225–275 g/8–10 oz/1 1/3–1 2/3 skodelic

Za meso in perutnino.

25 g/1 oz/2 žlici masla ali margarine
2 pora, samo beli del, narežemo na zelo tanke rezine
2 paradižnika, blanširana, olupljena in narezana
125 g/4 oz/2 skodelici svežih belih drobtin
Sol in sveže mlet črni poper
Piščančja osnova, če je potrebno

Maslo ali margarino dajte v posodo s prostornino 1 litra/1¾ pt/4¼ skodelice. Segrevajte nepokrito na polni moči 1 minuto. Primešamo por. Kuhajte brez pokrova na polni moči 3 minute in trikrat premešajte. Primešamo paradižnik in drobtine ter začinimo po okusu. Po potrebi povežite z zalogo. Uporabite, ko je hladen.

Nadev iz slanine

Naredi 225–275 g/8–10 oz/1 1/3–1 2/3 skodelic

Za meso, perutnino in ribe močnega okusa.

4 rezine (rezine) progaste slanine, narezane na majhne koščke
25 g/1 oz/2 žlici masla, margarine ali masti
125 g/4 oz/2 skodelici svežih belih drobtin
5 ml/1 žlička Worcestershire omake
5 ml/1 čajna žlička pripravljene gorčice
2,5 ml/½ žličke posušene mešanice zelišč
Sol in sveže mlet črni poper
Mleko, če je potrebno

Slanino dajte v posodo s prostornino 1 litra/1¾ pt/4¼ skodelice z maslom, margarino ali mastjo. Kuhajte brez pokrova na polni moči 2 minuti in enkrat premešajte. Zmešajte drobtine, Worcestershire omako, gorčico in zelišča ter začinite po okusu. Po potrebi zalijemo z mlekom.

Slanina in marelični nadev

Naredi 225–275 g/8–10 oz/1 1/3–1 2/3 skodelic

Za perutnino in divjad

Pripravimo kot nadev s slanino, le da dodamo 6 dobro opranih in grobo narezanih polovic marelic z zelišči.

Nadev iz gob, limone in timijana

Naredi 225–275 g/8–10 oz/1 1/3–1 2/3 skodelic

Za perutnino.

25 g/1 oz/2 žlici masla ali margarine
125 g/4 oz narezanih gob
5 ml/1 žlička drobno naribane limonine lupinice
2,5 ml/½ žličke posušenega timijana
1 strok česna, zdrobljen
125 g/4 oz/2 skodelici svežih belih drobtin
Sol in sveže mlet črni poper
Mleko, če je potrebno

Maslo ali margarino dajte v posodo s prostornino 1 litra/1¾ pt/4¼ skodelice. Segrevajte nepokrito na polni moči 1 minuto. Vmešajte gobe. Kuhajte brez pokrova na polni moči 3 minute in dvakrat premešajte. Primešamo limonino lupinico, timijan, česen in drobtine ter začinimo po okusu. Z mlekom zavežemo le, če nadev ostane na suhi strani. Uporabite, ko je hladen.

Nadev iz gob in pora

Naredi 225–275 g/8–10 oz/1 1/3–1 2/3 skodelic

Za perutnino, zelenjavo in ribe.

25 g/1 oz/2 žlici masla ali margarine
1 por, samo beli del, zelo tanko narezan
125 g/4 oz narezanih gob
125 g/4 oz/2 skodelici svežih rjavih drobtin
30 ml/2 žlici sesekljanega peteršilja
Sol in sveže mlet črni poper
Mleko, če je potrebno

Maslo ali margarino dajte v posodo s prostornino 1,25 l/2¼ pt/5½ skodelice. Segrevajte nepokrito na polni moči 1 minuto. Primešamo por. Kuhajte brez pokrova na polni moči 2 minuti in enkrat premešajte. Zmešajte gobe. Kuhajte brez pokrova na polni moči 2 minuti in dvakrat premešajte. Primešamo drobtine in peteršilj ter začinimo po okusu. Z mlekom zavežemo le, če nadev ostane na suhi strani. Uporabite, ko je hladen.

Nadev iz šunke in ananasa

Naredi 225–275 g/8–10 oz/1 1/3–12/3 skodelic

Za perutnino.

25 g/1 oz/2 žlici masla ali margarine
1 čebula, drobno sesekljana
1 kolobar svežega ananasa, odstranjene kože in narezano meso
75 g/3 oz/¾ skodelice kuhane šunke, sesekljane
125 g/4 oz/2 skodelici svežih belih drobtin
Sol in sveže mlet črni poper

Maslo ali margarino dajte v posodo s prostornino 1 litra/1¾ pt/4¼ skodelice. Segrevajte nepokrito na polni moči 1 minuto. Primešamo čebulo. Kuhajte brez pokrova na polni moči 2 minuti in enkrat premešajte. Zmešajte ananas in šunko. Kuhajte brez pokrova na polni moči 2 minuti in dvakrat premešajte. Z vilicami premešajte drobtine in začinite po okusu. Uporabite, ko je hladen.

Azijski nadev iz gob in indijskih oreščkov

Naredi 225–275 g/8–10 oz/1 1/3–1 2/3 skodelic

Za perutnino in ribe.

25 g/1 oz/2 žlici masla ali margarine
6 mladih čebulic (glave čebule), sesekljane
125 g/4 oz narezanih gob
125 g/4 oz/2 skodelici svežih rjavih drobtin
45 ml/3 žlice popraženih indijskih oreščkov
30 ml/2 žlici koriandrovih (cilantro) listov
Sol in sveže mlet črni poper
Sojina omaka, če je potrebno

Maslo ali margarino dajte v posodo s prostornino 1,25 l/2¼ pt/5½ skodelice. Segrevajte nepokrito na polni moči 1 minuto. Primešamo čebulo. Kuhajte brez pokrova na polni moči 2 minuti in enkrat premešajte. Zmešajte gobe. Kuhajte brez pokrova na polni moči 2 minuti in dvakrat premešajte. Zmešajte drobtine, indijske oreščke in koriander ter začinite po okusu. Zabelimo s sojino omako le, če nadev ostane na suhi strani. Uporabite, ko je hladen.

Nadev iz šunke in korenja

Naredi 225–275 g/8–10 oz/1 1/3–1 2/3 skodelic

Za perutnino, jagnjetino in divjačino.

Pripravite kot nadev iz šunke in ananasa, vendar ananas nadomestite z 2 naribanima korenčkoma.

Nadev iz šunke, banan in sladke koruze

Naredi 225–275 g/8–10 oz/1 1/3–1 2/3 skodelic

Za perutnino.

Pripravite kot nadev iz šunke in ananasa, vendar ananas nadomestite z 1 majhno grobo pretlačeno banano. Dodajte 30 ml/2 žlici sladke koruze (koruze) z drobtinami.

Italijanski nadev

Naredi 225–275 g/8–10 oz/1 1/3–1 2/3 skodelic

Za jagnjetino, perutnino in ribe.

30 ml/2 žlici oljčnega olja
1 strok česna
1 steblo zelene, drobno sesekljano
2 paradižnika, blanširana, olupljena in grobo narezana
12 razpolovljenih črnih oliv brez koščic
10 ml/2 žlički sesekljanih listov bazilike
125 g/4 oz/2 skodelici svežih drobtin iz italijanskega kruha, kot je ciabatta
Sol in sveže mlet črni poper

Oljčno olje dajte v posodo s prostornino 1 litra/1¾ pt/4¼ skodelice. Segrevajte nepokrito na polni moči 1 minuto. Vmešajte česen in zeleno. Kuhajte brez pokrova na polni moči 2 minuti in pol in enkrat premešajte. Zmešajte vse preostale sestavine. Uporabite, ko je hladen.

Španski nadev

Naredi 225–275 g/8–10 oz/1 1/3–1 2/3 skodelic

Za močne ribe in perutnino.

Pripravite kot italijanski nadev, vendar črne olive brez koščic zamenjajte z razpolovljenimi polnjenimi olivami. Namesto drobtin italijanskega kruha uporabite navadne bele krušne drobtine in dodajte 30 ml/2 žlici na kosmiče (narezane) in popečenih mandljev.

Pomarančni in koriandrov nadev

Naredi 175 g/6 oz/1 skodelico

Za meso in perutnino.

25 g/1 oz/2 žlici masla ali margarine
1 majhna čebula, drobno sesekljana
125 g/4 oz/2 skodelici svežih belih drobtin
Drobno naribana lupinica in sok 1 pomaranče
45 ml/3 žlice drobno sesekljanih listov koriandra (cilantra).
Sol in sveže mlet črni poper
Mleko, če je potrebno

Maslo ali margarino dajte v posodo s prostornino 1 litra/1¾ pt/4¼ skodelice. Segrevajte nepokrito na polni moči 1 minuto. Primešamo čebulo. Kuhajte brez pokrova na polni moči 3 minute in enkrat premešajte. Zmešajte drobtine, pomarančno lupinico in sok ter koriander (cilantro) in začinite po okusu. Z mlekom zavežemo le, če nadev ostane na suhi strani. Uporabite, ko je hladen.

Nadev iz limete in koriandra

Naredi 175 g/6 oz/1 skodelico

Za ribe.

Pripravite ga kot pomarančni in koriandrov nadev, le da pomarančo nadomestite z naribano lupinico in sokom 1 limete.

Pomarančni in marelični nadev

Naredi 275 g/10 oz/12/3 skodelic

Za bogato meso in perutnino.

125 g/4 oz suhih marelic, opranih
Topel črni čaj
25 g/1 oz/2 žlici masla ali margarine
1 majhna čebula, sesekljana
5 ml/1 žlička drobno naribane pomarančne lupinice
Sok 1 pomaranče
125 g/4 oz/2 skodelici svežih belih drobtin
Sol in sveže mlet črni poper

Marelice namočimo v topel čaj vsaj 2 uri. Odcedite in s škarjami narežite na majhne koščke. Maslo ali margarino dajte v posodo s prostornino 1,25 l/2¼ pt/5½ skodelice. Segrevajte nepokrito na polni moči 1 minuto. Dodajte čebulo. Kuhajte brez pokrova na polni moči 2 minuti in enkrat premešajte. Zmešajte vse preostale sestavine, vključno z marelicami. Uporabite, ko je hladen.

Nadev iz jabolk, rozin in orehov

Naredi 275 g/10 oz/12/3 skodelic

Za svinjino, jagnjetino, raco in gos.

25 g/1 oz/2 žlici masla ali margarine
1 jedilno (desertno) jabolko, olupljeno, na četrtine narezano peško in narezano
1 majhna čebula, sesekljana
30 ml/2 žlici rozin
30 ml/2 žlici sesekljanih orehov
5 ml/1 čajna žlička prahu (super finega) sladkorja
125 g/4 oz/2 skodelici svežih belih drobtin
Sol in sveže mlet črni poper

Maslo ali margarino dajte v posodo s prostornino 1,25 l/2¼ pt/5½ skodelice. Segrevajte nepokrito na polni moči 1 minuto. Primešamo jabolko in čebulo. Kuhajte brez pokrova na polni moči 2 minuti in enkrat premešajte. Zmešajte vse preostale sestavine. Uporabite, ko je hladen.

Nadev iz jabolk, suhih sliv in brazilskih oreščkov

Naredi 275 g/10 oz/12/3 skodelic

Za jagnjetino in purana.

Pripravite kot za nadev iz jabolk, rozin in orehov, le da rozine nadomestite z 8 izkoščičenimi (razkoščičenimi) nasekljanimi suhimi slivami, orehe pa z 30 ml/2 žlici na tanko narezanih brazilskih orehov.

Nadev iz jabolk, datljev in lešnikov

Naredi 275 g/10 oz/12/3 skodelic

Za jagnjetino in divjačino.

Pripravite kot nadev iz jabolk, rozin in orehov, le da rozine nadomestite s 45 ml/3 žlice sesekljanih datljev, orehe pa s 30 ml/2 žlici praženih in sesekljanih lešnikov.

Nadev iz česna, rožmarina in limone

Naredi 175 g/6 oz/1 skodelico

Za jagnjetino in svinjino.

25 g/1 oz/2 žlici masla ali margarine
2 stroka česna, zdrobljena
Naribana lupinica 1 manjše limone
5 ml/1 čajna žlička zdrobljenega posušenega rožmarina
15 ml/1 žlica sesekljanega peteršilja
125 g/4 oz/2 skodelici svežih belih ali rjavih drobtin
Sol in sveže mlet črni poper
Po potrebi mleko ali suho rdeče vino

Maslo ali margarino dajte v posodo s prostornino 1 litra/1¾ pt/4¼ skodelice. Segrevajte nepokrito na polni moči 1 minuto. Vmešamo česen in limonino lupinico. Segrevajte brez pokrova na polni moči 30 sekund. Zmešajte in vmešajte rožmarin, peteršilj in drobtine. Začinimo po okusu. Zavežemo z mlekom ali vinom le, če nadev ostane na suhi strani. Uporabite, ko je hladen.

Nadev iz česna, rožmarina in limone s parmezanom

Naredi 175 g/6 oz/1 skodelico.

Za govedino.

Pripravite kot nadev iz česna, rožmarina in limone, le da dodate 45 ml/3 žlice naribanega parmezana z drobtinami.

Nadev iz morskih sadežev

Naredi 275 g/10 oz/12/3 skodelic

Za ribe in zelenjavo.

25 g/1 oz/2 žlici masla ali margarine
125 g/4 oz/1 skodelica celih olupljenih kozic (škampov)
5 ml/1 žlička drobno naribane limonine lupinice
125 g/4 oz/2 skodelici svežih belih drobtin
1 jajce, pretepeno
Sol in sveže mlet črni poper
Mleko, če je potrebno

Maslo ali margarino dajte v posodo s prostornino 1 litra/1¾ pt/4¼ skodelice. Segrevajte nepokrito na polni moči 1 minuto. Vmešamo kozice, limonino lupinico, drobtine in jajce ter začinimo po okusu. Z mlekom zavežemo le, če nadev ostane na suhi strani. Uporabite, ko je hladen.

Nadev iz parmske šunke

Naredi 275 g/10 oz/12/3 skodelic

Za perutnino.

Pripravite kot za nadev iz morskih sadežev, vendar kozice (škampe) nadomestite s 75 g/3 oz/¾ skodelice grobo sesekljane parmske šunke.

Nadev iz klobas

Naredi 275 g/10 oz/12/3 skodelic

Za perutnino in svinjino.

25 g/1 oz/2 žlici masla ali margarine
225 g/8 oz/1 skodelica svinjske ali goveje klobase
1 majhna čebula, naribana
30 ml/2 žlici drobno sesekljanega peteršilja
2,5 ml/½ žličke gorčice v prahu
1 jajce, pretepeno

Maslo ali margarino dajte v posodo s prostornino 1 litra/1¾ pt/4¼ skodelice. Segrevajte nepokrito na polni moči 1 minuto. Zmešajte klobase in čebulo. Kuhajte brez pokrova na polni moči 4 minute in vsako minuto premešajte, da zagotovite, da je meso klobase temeljito razdrobljeno. Zmešajte vse preostale sestavine. Uporabite, ko je hladen.

Nadev iz klobas in jeter

Naredi 275 g/10 oz/12/3 skodelic

Za perutnino.

Pripravite kot nadev iz klobas, vendar zmanjšajte količino klobas na 175 g/6 oz/¾ skodelice. Dodajte 50 g/2 oz/½ skodelice grobo sesekljanih piščančjih jeter s klobaso in čebulo.

Nadev iz klobas in sladke koruze

Naredi 275 g/10 oz/12/3 skodelic

Za perutnino.

Pripravite kot nadev za klobase, vendar ob koncu kuhanja vmešajte 30–45 ml/2–3 žlice kuhane sladke koruze.

Nadev iz klobas in pomaranč

Naredi 275 g/10 oz/12/3 skodelic

Za perutnino.

Pripravimo kot nadev za klobase, le da ob koncu kuhanja dodamo 5–10 ml/1–2 žlički drobno naribane pomarančne lupinice.

Kostanjev nadev z jajcem

Naredi 350 g/12 oz/2 skodelici

Za perutnino.

125 g/4 oz/1 skodelica posušenih kostanjev, namočenih čez noč v vodi, nato odcejenih
25 g/1 oz/2 žlici masla ali margarine
1 majhna čebula, naribana
1,5 ml/¼ žličke mletega muškatnega oreščka
125 g/4 oz/2 skodelici svežih rjavih drobtin
5 ml/1 žlička soli
1 veliko jajce, pretepljeno
15 ml/1 žlica dvojne (težke) smetane

Kostanj dajte v 1,25 l/2¼ pt/5½ skodelico enolončnico (nizozemska pečica) in prelijte z vrelo vodo. Pustite stati 5 minut. Pokrijte s filmom za živila (plastično folijo) in ga dvakrat zarežite, da lahko para uhaja. Kuhajte na polni moči 30 minut, dokler se kostanj ne zmehča. Odcedimo in pustimo, da se ohladi. Razdrobite na majhne koščke. Maslo ali margarino dajte v posodo s prostornino 1,25 l/2¼ pt/5½ skodelice. Segrevajte nepokrito na polni moči 1 minuto. Dodajte čebulo. Kuhajte brez pokrova na polni moči 2 minuti in enkrat premešajte. Zmešajte kostanj, muškatni orešček, drobtine, sol in jajce. Povežite skupaj s kremo. Uporabite, ko je hladen.

Kostanjev in brusnični nadev

Naredi 350 g/12 oz/2 skodelici

Za perutnino.

Pripravimo kot kostanjev nadev z jajcem, le da namesto jajc nadev povežemo s 30–45 ml/2–3 žlici brusnične omake. Če nadev ostane na suhi strani, dodamo malo smetane.

Kremni kostanjev nadev

Naredi 900 g/2 lb/5 skodelic

Za perutnino in ribe.

50 g/2 oz/¼ skodelice masla, margarine ali slanine
1 čebula, naribana
500 g/1 lb 2 oz/2¼ skodelice konzerviranega nesladkanega kostanjevega pireja
225 g/8 oz/4 skodelice svežih belih drobtin
Sol in sveže mlet črni poper
2 jajci, pretepeni
Mleko, če je potrebno

V posodo s prostornino 1¾ litra/3 pt/7½ skodelice dajte maslo, margarino ali tekočino. Odkrito segrevajte na polni moči 1½ minute. Dodajte čebulo. Kuhajte brez pokrova na polni moči 2 minuti in enkrat premešajte. Dobro vmešamo kostanjev pire, drobtine, sol in poper po okusu ter jajca. Z mlekom zavežemo le, če nadev ostane na suhi strani. Uporabite, ko je hladen.

Kremni nadev iz kostanja in klobas

Naredi 900 g/2 lb/5 skodelic

Za perutnino in divjad.

Pripravite kot kremni kostanjev nadev, vendar polovico kostanjevega pireja nadomestite z 250 g/9 oz/velikodušno 1 skodelico klobase.

Kremni kostanjev nadev s celimi kostanji

Naredi 900 g/2 lb/5 skodelic

Za perutnino.

Pripravimo kot kremni kostanjev nadev, le da dodamo 12 kuhanih in nadrobljenih kostanjev z drobtinami.

Kostanjev nadev s peteršiljem in timijanom

Naredi 675 g/1½ lb/4 skodelice

Za purana in piščanca.

15 ml/1 žlica masla ali margarine
5 ml / 1 žlička sončničnega olja
1 majhna čebula, drobno sesekljana
1 strok česna, zdrobljen
50 g/2 oz/1 skodelica suhe mešanice za nadev s peteršiljem in timijanom
440 g/15½ oz/2 skodelici nesladkanega kostanjevega pireja v pločevinki
150 ml/¼ pt/2/3 skodelice vroče vode
Drobno naribana lupinica 1 limone
1,5–2,5 ml/¼–½ žličke soli

Maslo ali margarino in olje dajte v posodo s prostornino 1,25 l/2¼ pt/5½ skodelice. Segrevajte nepokrito na polni moči 25 sekund. Dodajte čebulo in česen. Kuhajte brez pokrova na polni moči 3 minute. Dodamo suho zmes za nadev in dobro premešamo. Kuhajte brez pokrova na polni moči 2 minuti in dvakrat premešajte. Odstranite iz mikrovalovne pečice. Postopoma vmešajte kostanjev pire izmenično z vročo vodo, dokler ni gladka. Primešamo limonino lupinico in sol po okusu. Uporabite, ko je hladen.

Kostanjev nadev z gamonom

Naredi 675 g/1½ lb/4 skodelice

Za purana in piščanca.

Pripravite kot kostanjev nadev s peteršiljem in timijanom, vendar dodajte 75 g/3 oz/¾ skodelice sesekljanega gamona z limonino lupinico in soljo.

Nadev iz piščančjih jeter

Naredi 350 g/12 oz/2 skodelici

Za perutnino in divjad.

125 g/4 oz/2/3 skodelice piščančjih jeter
25 g/1 oz/2 žlici masla ali margarine
1 čebula, naribana
30 ml/2 žlici drobno sesekljanega peteršilja
1,5 ml/¼ žličke mletega pimenta
125 g/4 oz/2 skodelici svežih belih ali rjavih drobtin
Sol in sveže mlet črni poper
Piščančja osnova, če je potrebno

Jetrca operemo in osušimo na kuhinjskem papirju. Narežemo na majhne koščke. Maslo ali margarino dajte v posodo s prostornino 1,25 l/2¼ pt/5½ skodelice. Segrevajte nepokrito na polni moči 1 minuto. Dodajte čebulo. Kuhajte brez pokrova na polni moči 2 minuti in enkrat premešajte. Dodajte jetrca. Kuhajte brez pokrova na odmrzovanju 3 minute in 3-krat premešajte. Primešamo peteršilj, piment in drobtine ter začinimo po okusu. Povežite z malo juhe le, če nadev ostane na suhi strani. Uporabite, ko je hladen.

Nadev iz piščančjih jeter z orehi orehi in pomarančo

Naredi 350 g/12 oz/2 skodelici

Za perutnino in divjad.

Pripravite kot nadev iz piščančjih jeter, vendar dodajte 30 ml/2 žlici zdrobljenih orehov pekan in 5 ml/1 žlico drobno naribane pomarančne lupinice skupaj z drobtinami.

Nadev s trojnimi orehi

Naredi 350 g/12 oz/2 skodelici

Za perutnino in meso.

15 ml/1 žlica sezamovega olja
1 strok česna, zdrobljen
125 g/4 oz/2/3 skodelice fino mletih lešnikov
125 g/4 oz/2/3 skodelice fino mletih orehov
125 g/4 oz/2/3 skodelice fino mletih mandljev
Sol in sveže mlet črni poper
1 jajce, pretepeno

Olje vlijemo v precej velik krožnik. Segrevajte nepokrito na polni moči 1 minuto. Dodajte česen. Kuhajte brez pokrova na polni moči 1 minuto. Vmešajte vse oreščke in začinite po okusu. Povežite z jajcem. Uporabite, ko je hladen.

Nadev iz krompirja in puranjih jeter

Naredi 675 g/1½ lb/4 skodelice

Za perutnino.

450 g/1 lb mokastega krompirja
25 g/1 oz/2 žlici masla ali margarine
1 čebula, sesekljana
2 rezini (rezini) progaste slanine, sesekljane
5 ml/1 žlička posušene mešanice zelišč
45 ml/3 žlice drobno sesekljanega peteršilja
2,5 ml/½ žličke mletega cimeta
2,5 ml/½ žličke mletega ingverja
1 jajce, pretepeno
Sol in sveže mlet črni poper

Krompir skuhajte po navodilih za kremni krompir, vendar uporabite samo 60 ml/4 žlice vode. Odcedimo in pretlačimo. Maslo ali margarino dajte v posodo s prostornino 1,25 l/2¼ pt/5½ skodelice. Segrevajte nepokrito na polni moči 1 minuto. Primešamo čebulo in slanino. Kuhajte brez pokrova na polni moči 3 minute in dvakrat premešajte. Zmešajte vse preostale sestavine, vključno s krompirjem, začinite po okusu. Uporabite, ko je hladen.

Rižev nadev z zelišči

Naredi 450 g/1 lb/2 2/3 skodelice

Za perutnino.

125 g/4 oz/2/3 skodelice enostavno skuhanega dolgozrnatega riža
250 ml/8 fl oz/1 skodelica vrele vode
2,5 ml/½ žličke soli
25 g/1 oz/2 žlici masla ali margarine
1 majhna čebula, naribana
5 ml/1 žlička sesekljanega peteršilja
5 ml/1 čajna žlička listov koriandra
5 ml/1 žlička žajblja
5 ml/1 čajna žlička listov bazilike

Skuhajte riž z vodo in soljo po navodilih. Maslo ali margarino dajte v posodo s prostornino 1,25 l/2¼ pt/5½ skodelice. Segrevajte nepokrito na polni moči 1 minuto. Primešamo čebulo. Kuhajte brez pokrova na polni moči 1 minuto in enkrat premešajte. Zmešajte riž in zelišča. Uporabite, ko je hladen.

Španski rižev nadev s paradižnikom

Naredi 450 g/1 lb/2 2/3 skodelice

Za perutnino.

125 g/4 oz/2/3 skodelice enostavno skuhanega dolgozrnatega riža
250 ml/8 fl oz/1 skodelica vrele vode
2,5 ml/½ žličke soli
25 g/1 oz/2 žlici masla ali margarine
1 majhna čebula, naribana
30 ml/2 žlici sesekljane zelene paprike
1 paradižnik, sesekljan
30 ml/2 žlici sesekljanih polnjenih oliv

Skuhajte riž z vodo in soljo po navodilih. Maslo ali margarino dajte v posodo s prostornino 1,25 l/2¼ pt/5½ skodelice. Segrevajte nepokrito na polni moči 1 minuto. Primešajte čebulo, zeleno papriko, paradižnik in olive. Kuhajte brez pokrova na polni moči 2 minuti in enkrat premešajte. Vmešajte riž. Uporabite, ko je hladen.

Nadev iz sadnega riža

Naredi 450 g/1 lb/2 2/3 skodelice

Za perutnino.

125 g/4 oz/2/3 skodelice enostavno skuhanega dolgozrnatega riža
250 ml/8 fl oz/1 skodelica vrele vode
2,5 ml/½ žličke soli
25 g/1 oz/2 žlici masla ali margarine
1 majhna čebula, naribana
5 ml/1 žlička sesekljanega peteršilja
6 posušenih polovic marelic, sesekljanih
6 suhih sliv brez koščic, narezanih
5 ml/1 čajna žlička drobno naribane lupine klementine ali satsuma

Skuhajte riž z vodo in soljo po navodilih. Maslo ali margarino dajte v posodo s prostornino 1,25 l/2¼ pt/5½ skodelice. Segrevajte nepokrito na polni moči 1 minuto. Primešamo čebulo, peteršilj, marelice, suhe slive in olupke. Kuhajte brez pokrova na polni moči 1 minuto in enkrat premešajte. Vmešajte riž. Uporabite, ko je hladen.

Daljni vzhodni rižev nadev

Naredi 450 g/1 lb/22/3 skodelice

Za perutnino.

Pripravite kot rižev nadev z zelišči, vendar uporabite samo koriander (cilantro). Čebuli dodajte 6 konzerviranih in narezanih vodnih kostanjev ter 30 ml/2 žlici grobo sesekljanih praženih indijskih oreščkov.

Slani rižev nadev z orehi

Naredi 450 g/1 lb/22/3 skodelice

Za perutnino.

Pripravite kot rižev nadev z zelišči, vendar uporabite samo peteršilj. Dodajte 30 ml/2 žlici na kosmiče (narezane) in opečene mandlje ter 30 ml/2 žlici nasoljenih arašidov s čebulo.

Čokoladni hrustljavi kolački

Naredi 16

75 g/3 oz/2/3 skodelice masla ali margarine
30 ml/2 žlici zlatega (svetlega koruznega) sirupa, stopljenega
15 ml/1 žlica presejanega kakava (nesladkana čokolada) v prahu
45 ml/3 žlice prahu (super finega) sladkorja
75 g/3 oz/1½ skodelice koruznih kosmičev

Maslo ali margarino in sirup brez pokrova stopite na odmrzovanju 2–3 minute. Vmešajte kakav in sladkor. Koruzne kosmiče zložite z veliko kovinsko žlico in premešajte, dokler niso dobro prevlečeni. Položite v papirnate tortne posode (papir za kolačke), postavite na desko ali pladenj in ohladite, dokler se strdi.

Torta s hudičevo hrano

Služi 8

Sanje o severnoameriški torti iz predelovalca hrane z lahko in puhasto teksturo ter globokim čokoladnim okusom.

100 g/4 oz/1 skodelica navadne (polsladke) čokolade, nalomljene na koščke
225 g/8 oz/2 skodelici samovzhajajoče (samovzhajajoče) moke
25 g/1 oz/2 žlici kakava (nesladkana čokolada) v prahu
1,5 ml/¼ žličke sode bikarbone (soda bikarbona)
200 g/7 oz/manjka 1 skodelica temno mehkega rjavega sladkorja
150 g/5 oz/2/3 skodelice masla ali mehke margarine, na kuhinjski temperaturi
5 ml/1 čajna žlička vaniljeve esence (izvleček)
2 veliki jajci, na kuhinjski temperaturi
120 ml/4 fl oz/½ skodelice pinjenca ali 60 ml/4 žlice posnetega mleka in navadnega jogurta
Sladkor v prahu (slaščičarski), za posipanje

Dno in stranice globokega pekača za sufle z ravnimi stranicami s premerom 20 cm/8 tesno obložite s filmom za živila (plastično folijo). Čokolado stopite v majhni posodi na odmrzovanju 3–4 minute in dvakrat premešajte. Moko, kakav in sodo bikarbono presejte neposredno v skledo kuhinjskega robota. Dodajte stopljeno čokolado z vsemi preostalimi sestavinami in kuhajte približno 1 minuto ali dokler se sestavine dobro ne povežejo in zmes spominja na gosto testo. Z žlico nadevamo v pripravljeno posodo in jo ohlapno pokrijemo s kuhinjskim papirjem. Kuhajte na polni moči 9–10 minut, posodo dvakrat obrnite, dokler se torta ne dvigne do roba posode in je vrh pokrit z majhnimi, zdrobljenimi mehurčki in je videti precej suh. Če ostanejo kakršni koli lepljivi madeži, kuhajte na polni nadaljnjih 20–30 sekund. Pustite stati v mikrovalovni pečici približno 15 minut (torta bo rahlo padla), nato ga vzemite ven in pustite, da se ohladi, dokler ni ravno toplo. Previdno dvignite iz posode tako, da držite film za živila in prestavite na rešetko, da se popolnoma ohladi. Odstranite folijo za živila in jo pred serviranjem potresite s presejanim sladkorjem v prahu. Hraniti v nepredušni posodi.

Mocha torta

Služi 8

Pripravite kot torto Devil's Food Cake, vendar torto, ko je hladna, vodoravno razrežite na tri plasti. Stepajte 450 ml/¾ pt/2 skodelici dvojne (težke) ali smetane za stepanje, dokler ni gosta. Sladkajte po okusu z malo presejanega sladkorja v prahu (slaščičarskega) in nato močno začinite s hladno črno kavo. Uporabite nekaj smetane, da zlepite plasti torte skupaj, nato pa preostanek zavrtite po vrhu in ob straneh. Pred serviranjem rahlo ohladite.

Večplastna torta

Služi 8

Pripravite kot torto Devil's Food Cake, vendar torto, ko je hladna, vodoravno razrežite na tri plasti. Sendvič skupaj z marelično marmelado, stepeno smetano in naribano čokolado ali čokoladnim namazom.

Črna gozdna češnjeva torta

Služi 8

Pripravimo kot torto Devil's Food Cake, le da torto hladno vodoravno razrežemo na tri plasti in vsako navlažimo s češnjevim likerjem. Sendvič skupaj s češnjevo marmelado (konzervirano) ali češnjevim sadnim nadevom. Stepite 300 ml/½ pt/1¼ skodelice dvojne (težke) ali smetane za stepanje, dokler ni gosta. Namažite po vrhu in straneh torte. Ob straneh pritisnite zdrobljeno čokoladno ploščico ali naribano čokolado, nato pa vrh okrasite z razpolovljenimi glaziranimi (kandiranimi) češnjami.

Čokoladno pomarančni gateau

Služi 8

Pripravite kot torto Devil's Food Cake, le da torto hladno vodoravno razrežite na tri plasti in vsako navlažite s pomarančnim likerjem. Sendvič skupaj z drobno narezano pomarančno marmelado in tankim kosom marcipana (mandljeva pasta). Stepite 300 ml/½ pt/1¼ skodelice dvojne (težke) ali smetane za stepanje, dokler ni gosta. Obarvajte in rahlo sladkajte z 10–15 ml/2–3 žličke črnega melasnega sirupa (melase), nato vmešajte 10 ml/2 žlički naribane pomarančne lupinice. Namažite po vrhu in straneh torte.

Torta s čokoladno masleno kremo

Služi za 8–10

30 ml/2 žlici kakava (nesladkana čokolada) v prahu
60 ml/4 žlice vrele vode
175 g/6 oz/¾ skodelice masla ali margarine, na kuhinjski temperaturi
175 g/6 oz/¾ skodelice temno mehkega rjavega sladkorja
5 ml/1 čajna žlička vanilijeve esence (izvleček)
3 jajca, na kuhinjski temperaturi
175 g/6 oz/1½ skodelice samovzhajajoče (samovzhajajoče) moke
15 ml/1 žlica črnega melasega melase
Maslena kremna glazura
Sladkor v prahu (slaščičarski) za posipanje (neobvezno)

Dno in stranice pekača za sufle s premerom 18 x 9 cm/7 x 3½ tesno obložite s filmom za živila (plastično folijo), tako da rahlo visi čez rob. Kakav gladko zmešamo z vrelo vodo. Zmešajte maslo ali margarino, sladkor in vanilijevo esenco, dokler ne postane svetlo in puhasto. Eno za drugo stepite jajca in vsakemu dodajte 15 ml/1 žlico moke. Dodamo preostalo moko s črnim melasom, dokler ni enakomerna. Gladko razporedimo po pripravljeni posodi in jo ohlapno pokrijemo s kuhinjskim papirjem. Pecite na polni moči 6–6½ minut, dokler torta ni dobro vzhajana in na vrhu ni več videti vlažna. Ne prekuhajte, sicer se bo torta skrčila in postala trda. Pustite stati 5 minut, nato torto enostavno vzemite iz posode tako, da držite film za živila (plastični ovoj) in jo prestavite na rešetko. Nežno odlepite ovoj in pustite, da se ohladi. Torto vodoravno prerežite na tri plasti in jo skupaj z glazuro zložite v sendvič. Pred rezanjem po vrhu potresemo s presejanim sladkorjem v prahu.

Čokoladna Mocha torta

Služi za 8–10

Pripravite kot torto s čokoladno masleno kremo, le da glazuro (glazuro) začinite s 15 ml/1 žlico zelo močne črne kave. Za bolj intenziven okus dodajte tekoči kavi 5 ml/1 čajno žličko mlete kave.

Pomarančno-čokoladna plast torta

Služi za 8–10

Pripravite kot torto s čokoladno masleno kremo, vendar sestavinam za torto dodajte 10 ml/2 žlički drobno naribane pomarančne lupinice.

Dvojna čokoladna torta

Služi za 8–10

Pripravite kot torto s čokoladno masleno kremo, vendar dodajte 100 g/4 oz/1 skodelico stopljene in ohlajene navadne (polsladke) čokolade glazuri iz maslene kreme (glazura). Pred uporabo pustite, da se strdi.

Torta s stepeno smetano in orehi

Služi za 8–10

1 torta s čokoladno masleno kremo
300 ml/½ pt/1¼ skodelice dvojne (težke) smetane
150 ml/¼ pt/2/3 skodelice smetane za stepanje
45 ml/3 žlice presejanega (slaščičarskega) sladkorja v prahu
Kakršna koli aromatična esenca (izvleček), kot so vanilija, vrtnica, kava, limona, pomaranča, mandelj, ratafija
Oreščki, čokoladni ostružki, srebrni dražeji, kristalizirani cvetni listi ali glazirano (kandirano) sadje, za okras

Torto vodoravno razrežemo na tri plasti. Smetani stepemo do gostega. Dodajte sladkor v prahu in arome po okusu. Plasti torte zložimo skupaj s kremo in po vrhu okrasimo po želji.

Božični Gâteau

Služi za 8–10

1 torta s čokoladno masleno kremo
45 ml/3 žlice malinove marmelade brez pečk (konzervirajte)
Marcipan (mandljeva pasta)
300 ml/½ pt/1¼ skodelice dvojne (težke) smetane
150 ml/¼ pt/2/3 skodelice smetane za stepanje
60 ml/4 žlice prahu (super finega) sladkorja
Glacé (kandirane) češnje in užitne vejice božike za okras

Torto razrežemo na tri plasti in jo skupaj z marmelado zložimo v sendvič, ki ga prelijemo s tanko razvaljanimi kosi marcipana. Smetano in sladkor stepemo do gostote in z njo prekrijemo vrh in stranice torte. Vrh okrasite s češnjami in bodikom.

Ameriški rjavčki

Naredi 12

50 g/2 oz/½ skodelice navadne (polsladke) čokolade, nalomljene na koščke

75 g/3 oz/2/3 skodelice masla ali margarine

175 g/6 oz/¾ skodelice temno mehkega rjavega sladkorja

2 jajci, kuhane temperature, stepeni

150 g/5 oz/1¼ skodelice navadne (univerzalne) moke

1,5 ml/¼ žličke pecilnega praška

5 ml/1 čajna žlička vaniljeve esence (izvleček)

30 ml/2 žlici hladnega mleka

Sladkor v prahu (slaščičarski), za posipanje

Maslo in osnovna črta 25 x 16 3 5 cm/10 x 6½ 3 2 v posodo. Čokolado in maslo ali margarino topite na polni moči 2 minuti in mešajte, dokler se dobro ne premešata. Stepajte sladkor in jajca, dokler se dobro ne združita. Moko in pecilni prašek presejemo, nato pa narahlo vmešamo v čokoladno mešanico z vaniljevo esenco in mlekom. Enakomerno razporedite po pripravljeni posodi in jo ohlapno pokrijte s kuhinjskim papirjem. Kuhajte na polni moči 7 minut, dokler torta ni dobro vzhajana in je na vrhu poprana z majhnimi zlomljenimi luknjami za zrak. Pustite, da se ohladi v posodi 10 minut. Narežite na kvadratke, po vrhu na gosto potresite s sladkorjem v prahu in pustite, da se popolnoma ohladi na rešetki. Hraniti v nepredušni posodi.

Čokoladni piškoti z orehi

Naredi 12

Pripravimo kot ameriške brownije, le da dodamo 90 ml/6 žlic grobo sesekljanih orehov s sladkorjem. Kuhajte še 1 minuto.

Oaten Toffee Trikotniki

Naredi 8

125 g/4 oz/½ skodelice masla ali margarine
50 g/2 oz/3 žlice zlatega (svetlega koruznega) sirupa
25 ml/1½ žlice melase
100 g/4 oz/½ skodelice temno mehkega rjavega sladkorja
225 g/8 oz/2 skodelici ovsene kaše

Globok pekač s premerom 20 cm/8 temeljito namastite. Maslo, sirup, melasni sirup in sladkor stopite skupaj, nepokrite, na odmrzovanju 5 minut. Vmešajte oves in zmes razporedite po krožniku. Kuhajte brez pokrova na polni moči 4 minute in posodo enkrat obrnite. Pustite stati 3 minute. Kuhajte še 1½ minute. Pustimo, da se ohladi do mlačnega, nato pa ga razrežemo na osem trikotnikov. Hladno odstranite iz posode in shranite v nepredušni posodi.

Muesli trikotniki

Naredi 8

Pripravite kot za Oaten Toffee Triangles, vendar ovseno kašo zamenjajte z nesladkanim mueslijem.

Čokoladne kraljice

Naredi 12

125 g/4 oz/1 skodelica samovzhajajoče (samovzhajajoče) moke
30 ml/2 žlici kakava (nesladkana čokolada) v prahu
50 g/2 oz/¼ skodelice masla ali margarine, na kuhinjski temperaturi
50 g/2 oz/¼ skodelice svetlo mehkega rjavega sladkorja
1 jajce
5 ml/1 čajna žlička vaniljeve esence (izvleček)
30 ml/2 žlici hladnega mleka
Sladkorni (slaščičarski) ali čokoladni namaz, za okras (neobvezno)

Skupaj presejemo moko in kakav. V ločeni skledi stepamo maslo ali margarino in sladkor, dokler ne postanejo mehki in puhasti. Stepite jajce in vanilijevo esenco. Izmenično dodajajte mešanico moke z mlekom, hitro mešajte z vilicami brez stepanja. Razdelite med 12 papirnatih zabojev za torto (papir za kolačke). Po šest naenkrat postavite na stekleni ali plastični vrtljivi krožnik, ohlapno pokrijte s kuhinjskim papirjem in kuhajte na polni moči 2 minuti. Ohladite na rešetki. Po želji potresemo s presejanim sladkorjem v prahu ali prelijemo s čokoladnim namazom. Hraniti v nepredušni posodi.

Flaky Chocolate Queenies

Naredi 12

Pripravite kot čokoladne kraljice, vendar zdrobite majhno čokoladno ploščico in jo nežno vmešajte v zmes za torto, potem ko ste dodali jajce in vanilijevo esenco.

Zajtrk z otrobi in ananasovo torto

Naredi približno 12 kosov

Precej gosta torta in uporaben prigrizek z jogurtom in pijačo.

100 g/3½ oz/1 skodelica All Bran žit
50 g/2 oz/¼ skodelice temno mehkega rjavega sladkorja
175 g/6 oz konzerviranega zdrobljenega ananasa
20 ml/4 žličke gostega medu
1 jajce, pretepeno
300 ml/½ pt/1¼ skodelice posnetega mleka
150 g/5 oz/1¼ skodelice samovzhajajoče (samovzhajajoče) polnozrnate moke

Dno in stranice pekača za sufle s premerom 18 cm/7 tesno obložite s filmom za živila (plastično folijo), tako da rahlo visi čez rob. V skledo dajte kosmiče, sladkor, ananas in med. Pokrijte s krožnikom in segrevajte pri odmrzovanju 5 minut. Vmešajte preostale sestavine, hitro mešajte brez stepanja. Prestavimo v pripravljeno posodo. Rahlo pokrijte s kuhinjskim papirjem in kuhajte na odmrzovanju 20 minut, posodo štirikrat obrnite. Pustite, dokler se ne ohladi, da se ogreje, nato pa ga prenesite na rešetko tako, da držite film za živila. Ko je popolnoma hladen, ga hranite v nepredušni posodi 1 dan pred rezanjem.

Hrustljava torta s sadnim čokoladnim biskvitom

Naredi 10–12

200 g/7 oz/manjka 1 skodelica navadne (polsladke) čokolade, nalomljene na kvadratke
225 g/8 oz/1 skodelica nesoljenega (sladkega) masla (ne margarine)
2 veliki jajci, kuhane temperature, stepeni
5 ml/1 čajna žlička vanilyeve esence (izvleček)
75 g/3 oz/¾ skodelice grobo sesekljanih mešanih oreščkov
75 g/3 oz/¾ skodelice sesekljanega kristaliziranega ananasa ali papaje
75 g/3 oz/¾ skodelice nasekljanega kristaliziranega ingverja
25 ml/1½ žlice sladkorja v prahu (slaščičarskega), presejanega
15 ml/1 žlica sadnega likerja, na primer Grand Marnier ali Cointreau
225 g/8 oz navadnih sladkih piškotov (piškotov), kot so digestivi (Graham krekerji), vsak razdeljen na 8 kosov

Dno in stranice krožnika s premerom 20 cm/8 ali pekača za sendviče (ponve) tesno obložite s filmom za živila (plastično folijo). Koščke čokolade stopite v veliki skledi brez pokrova in jih 4–5 minut pustite na odmrzovanju, dokler niso zelo mehki, a še vedno ohranijo prvotno obliko. Maslo narežite na velike kocke in ga 2–3 minute stopite nepokrito pri odmrzovanju. Temeljito vmešajte v stopljeno čokolado z jajci in vanilyevo esenco. Zmešajte vse preostale sestavine. Ko je dobro premešano, razporedite v pripravljen model in pokrijte s folijo ali prozorno folijo (plastično folijo). Hladite 24 ur, nato previdno dvignite in odlepite film za živila. Za serviranje narežite na rezine. Med obroki hranite v hladilniku, saj se torta pri sobni temperaturi zmehča.

Hrustljava torta s sadjem Mocha Biscuit

Naredi 10–12

Pripravite kot za hrustljavo torto s sadnim čokoladnim biskvitom, vendar stopite 20 ml/4 žličke instant kave v prahu ali zrncih s čokolado in sadni liker nadomestite s kavnim likerjem.

Hrustljava torta s sadnim rumom in rozinami

Naredi 10–12

Pripravite ga kot hrustljavo torto s sadnim čokoladnim biskvitom, vendar kristalizirano sadje nadomestite s 100 g/3½ oz/¾ skodelice rozin, liker pa s temnim rumom.

Hrustljava torta s sadnim viskijem in pomarančnim biskvitom

Naredi 10–12

Pripravite tako kot sadno čokoladno biskvitno hrustljavo torto, vendar v čokolado in maslo vmešajte drobno naribano lupino 1 pomaranče in liker nadomestite z viskijem.

Crunch torta s sadjem iz bele čokolade

Naredi 10–12

Pripravite kot za hrustljavo torto s sadnim čokoladnim biskvitom, vendar temno čokolado zamenjajte z belo.

Dvoslojni marelično-malinov Cheesecake

Služi 12

Za osnovo:

100 g/3½ oz/½ skodelice masla

225 g/8 oz/2 skodelici čokoladnega digestivnega biskvita (Graham kreker) drobtin

5 ml/1 čajna žlička mešanice začimb (jabolčna pita).

Za marelično plast:

60 ml/4 žlice hladne vode

30 ml/2 žlici želatine v prahu

500 g/1 lb 2 oz/2¼ skodelice skute (gladka skuta)

250 g/9 oz/1¼ skodelice skute ali skute

60 ml/4 žlice gladke marelične marmelade (konzerviraj)

75 g/3 oz/2/3 skodelice strjenega (super finega) sladkorja

3 jajca, ločena

Ščepec soli

Za malinovo plast:

45 ml/3 žlice hladne vode

15 ml/1 žlica želatine v prahu

225 g/8 oz svežih malin, zdrobljenih in presejanih (precejenih)

30 ml/2 žlici prahu (super finega) sladkorja

150 ml/¼ pt/2/3 skodelice dvojne (težke) smetane

Za okras:

Sveže maline, jagode in vrvice rdečega ribeza

Za pripravo osnove stopite maslo, nepokrito, na odmrzovanju 3–3 minute in pol. Vmešamo piškotne drobtine in mešane začimbe. Enakomerno razporedite po dnu vzmetnega tortnega modela (pekača) s premerom 25 cm/10. Hladite 30 minut, dokler se ne strdi.

Za pripravo marelične plasti dajte vodo in želatino v posodo in dobro premešajte, da se premešata. Pustite 5 minut, dokler se ne zmehča. Stopite, odkrito, na odmrzovanju 2½–3 minute. V sekljalnik dajte skuto, skuto, marmelado, sladkor in rumenjake ter zaženite stroj, dokler se sestavine dobro ne premešajo. Postrgajte v veliko skledo, pokrijte s krožnikom in ohladite, dokler se le ne začne gostiti in zaokroži rob. Iz beljakov in soli stepemo trd sneg. Eno tretjino stepite v sirno mešanico, nato pa preostanek vmešajte s kovinsko žlico ali lopatko. Enakomerno razporedimo po piškotni podlagi. Rahlo pokrijte s kuhinjskim papirjem in ohladite vsaj 1 uro, dokler se ne strdi.

Malinovo plast naredimo tako, da vodo in želatino damo v skledo in dobro premešamo. Pustite 5 minut, dokler se ne zmehča. Stopite, nepokrito, na odmrzovanju 1½–2 minuti. Zmešajte z malinovim pirejem in sladkorjem. Pokrijte s folijo ali filmom za živila (plastično folijo) in ohladite, dokler se le ne začne gostiti in strgati okrog roba. Smetano stepamo do mehke gostote. Eno tretjino stepite v sadno mešanico, nato pa preostanek vmešajte s kovinsko žlico ali lopatko. Enakomerno porazdelite po zmesi za cheesecake. Rahlo pokrijte in ohladite nekaj ur, dokler se ne strdi. Za serviranje potegnite z nožem, namočenim v vročo vodo, po notranjem robu, da se kolač zrahlja. Odpnite pločevino in odstranite stran. Vrh okrasite s sadjem. Z nožem, pomočenim v vrelo vodo, narežemo na porcije.

Cheesecake iz arašidovega masla

Služi 10

Za osnovo:

100 g/3½ oz/½ skodelice masla

225 g/8 oz/2 skodelici drobtin ingverjevega piškota (piškotka).

Za preliv:

90 ml/6 žlic hladne vode

45 ml/3 žlice želatine v prahu

750 g/1½ lb/3 skodelice skute (gladka skuta)

4 jajca, ločena

5 ml/1 čajna žlička vaniljeve esence (izvleček)

150 g/5 oz/2/3 skodelice strjenega (super finega) sladkorja

Ščepec soli

150 ml/¼ pt/2/3 skodelice dvojne (težke) smetane

60 ml/4 žlice gladkega arašidovega masla, na kuhinjski temperaturi

Sesekljani rahlo soljeni ali navadni arašidi (neobvezno)

Za pripravo osnove stopite maslo, nepokrito, na odmrzovanju 3–3 minute in pol. Vmešamo piškotne drobtine. Razporedite po dnu vzmetnega modela (ponve) s premerom 20 cm/8 in ohladite 20–30 minut, dokler se ne strdi.

Za pripravo preliva dajte vodo in želatino v posodo in dobro premešajte, da se premešata. Pustite 5 minut, da se zmehča. Stopite, nepokrito, na odmrzovanju 3–3 minute in pol. V sekljalnik dajte sir, rumenjake, vanilijevo esenco in sladkor ter zaženite stroj, da postane gladka. Postrgajte v veliko skledo. Iz beljakov in soli stepemo trd sneg. Smetano stepamo do mehke gostote. V sirno zmes izmenično vmešamo beljake in smetano. Nazadnje vmešajte arašidovo maslo. Enakomerno razporedite po pripravljenem modelu, dobro pokrijte in ohladite vsaj 12 ur. Za serviranje zapeljite z nožem, pomočenim v vročo vodo, ob strani, da se zrahlja. Odpnite pločevino in odstranite stranice. Po želji okrasite s sesekljanimi arašidi. Z nožem, pomočenim v vrelo vodo, narežemo na porcije.

Lemon Curd Cheesecake

Služi 10

Pripravite kot Cheesecake s kikirikijevim maslom, vendar arašidovo maslo nadomestite z limonino skuto.

Čokoladni Cheesecake

Služi 10

Pripravite kot Cheesecake s kikirikijevim maslom, le da arašidovo maslo nadomestite s čokoladnim namazom.

Sharon sadna torta s sirom

Služi 10

Recept, ki mi ga je poslala gospa iz Nove Zelandije, temelji na paradižniku podobnem sadju tamarillo. Ker jih ni vedno enostavno dobiti, so zimski šaron občudovanja vreden nadomestek ali celo podobni kakiji, če so zelo zreli.

Za osnovo:

175 g/6 oz/¾ skodelice masla

100 g/3½ oz/½ skodelice svetlega mehkega rjavega sladkorja

225 g/8 oz sladnih drobtin biskvita (piškotka).

Za nadev:

4 sadje sharon, narezano

100 g/4 oz/½ skodelice svetlo mehkega rjavega sladkorja

30 ml/2 žlici želatine v prahu

30 ml/2 žlici hladne vode

300 g/10 oz/1¼ skodelice kremnega sira

3 velika jajca, ločena

Sok ½ limone

Vzmeten model (ponev) s premerom 25 cm/10 temeljito sperite in pustite mokrega. Stopite maslo ali margarino, nepokrito, na odmrzovanju 3–3 minute in pol. Vmešamo sladkor in piškotne drobtine. Enakomerno pritisnite na dno pekača. Med pripravo nadeva za torto ohladite.

Za nadev dajte šaron v posodo in potresite s polovico sladkorja. Želatino damo v skledo in vmešamo v vodo. Pustite 5 minut, dokler se ne zmehča. Stopite, nepokrito, na odmrzovanju 3–3 minute in pol. V ločeni skledi stepite sir, dokler ni mehak in puhast, nato pa vmešajte želatino, rumenjake, limonin sok in preostali sladkor. Beljake stepemo v trd sneg. Zmešajte v sirno zmes izmenično s šaronom. Z žlico prelijemo po piškotni podlagi in ohladimo čez noč. Za serviranje potegnite z nožem, namočenim v vročo vodo, po bokih, da se zrahljajo, nato odpnite pločevino in odstranite stranice.

Borovničev Cheesecake

Služi 10

Pripravite kot Sharon Fruit Cheesecake, vendar zamenjajte 350 g/12 oz borovnic za sharon sadje.

Pečen limonin kolač s sirom

Služi 10

Za osnovo:

75 g/3 oz/1/3 skodelice masla, na kuhinjski temperaturi

175 g/6 oz/1½ skodelice drobtin digestivnega piškota (Graham krekerja)

30 ml/2 žlici prahu (super finega) sladkorja

Za nadev:

450 g/1 lb/2 skodelici srednje mastne skute (gladke skute), na kuhinjski temperaturi

75 g/3 oz/1/3 skodelice prahu (super finega) sladkorja

2 veliki jajci, na kuhinjski temperaturi

5 ml/1 čajna žlička vaniljeve esence (izvleček)

15 ml/1 žlica koruzne moke (koruznega škroba)

Drobno naribana lupinica in sok 1 limone

150 ml/¼ pt/2/3 skodelice dvojne (težke) smetane

150 ml/5 oz/2/3 skodelice kisle (mlečne kisle) smetane

Za pripravo osnove stopite maslo, nepokrito, na odmrzovanju 2–2 minuti in pol. Vmešamo piškotne drobtine in sladkor. Dno in stranico posode s premerom 20 cm/8 obložite s filmom za živila (plastično folijo), tako da rahlo visi čez rob. Podlago in stranice obložimo z biskvitno zmesjo. Kuhajte brez pokrova na polni moči 2 minuti in pol.

Za nadev stepite sir, dokler se ne zmehča, nato pa vmešajte preostale sestavine razen kisle smetane. Nalijte v posodo za drobtine in ohlapno pokrijte s kuhinjskim papirjem. Kuhajte na polni moči 12 minut, posodo dvakrat obrnite. Torta je pripravljena, ko se v sredini opazi nekaj premikanja, vrh pa se rahlo dvigne in šele začne pokati. Pustite stati 5 minut. Vzamemo iz mikrovalovne pečice in nežno namažemo s kislo smetano, ki se bo na vrhu strdila in izenačila, ko se bo torta ohladila.

Cheesecake iz pečene limete

Služi 10

Pripravite ga kot pečeno limonino torto s sirom, vendar limono nadomestite z lupino in sokom 1 limete.

Pečen Cheesecake iz črnega ribeza

Služi 10

Pripravite kot pečeno limonino torto s sirom, vendar ko je popolnoma hladna, jo namažite po vrhu s kakovostno marmelado iz črnega ribeza (konzervirajte) ali s sadnim nadevom iz konzerve črnega ribeza.

Pečen malinov Cheesecake

Služi 10

Pripravite kot pečeno limonino torto s sirom, le da koruzno moko (koruzni škrob) nadomestite z malinovim blancmange prahom. Po vrhu okrasimo s svežimi malinami.

www.ingramcontent.com/pod-product-compliance
Lightning Source LLC
Chambersburg PA
CBHW071236080526
44587CB00013BA/1635